SPANISH 1

for Christian Schools™

Second Edition

ACTIVITIES MANUAL

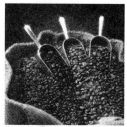

BJU PRESS

GREENVILLE, SOUTH CAROLINA

NOTE: The fact that materials produced by other publishers may be referred to in this volume does not constitute an endorsement of the content or theological position of materials produced by such publishers. Any references and ancillary materials are listed as an aid to the student or the teacher and in an attempt to maintain the accepted academic standards of the publishing industry.

SPANISH 1 Activities Manual for Christian Schools™
Second Edition

Coordinating Authors
Beulah E. Hager, M.A.
Claudia J. Loftis, M.A.
Virginia R. Layman
Ma. Esther Luna Hernández
L. Michelle Rosier

Project Manager
Richard Ayers

Project Editors
Adrianne M. Utt
Elizabeth McAchren

Designers
Elly Kalagayan
Wendy Searles

Composition
Carol Anne Ingalls

Photograph Credits
Front Cover: Photo Disc/Getty Images
Title Page: Corbis (top); Photo Disc/Getty Images (bottom all)

Pasajes bíblicos tomados de la Biblia Reina-Valera Revisada © 1960 Sociedades Bíblicas en América Latina. © renovado 1988 Sociedades Bíblicas Unidas. Usado con permiso.

Produced in cooperation with the Bob Jones University Department of Modern Languages of the College of Arts and Science, the School of Education, Bob Jones Academy, and BJ LINC.

for Christian Schools is a registered trademark of BJU Press.

Contents

Acknowledgments

We wish to express appreciation and gratitude to all those who participated in the recording of our script program: Adriana Álvarez, David Bell, Belinda Benard, Heidi Blossom, Esteban Bonikowsky, Julie Case, Kenneth Casillas, Hernán Castillo, Mr. and Mrs. Russell Cordero, Mr. and Mrs. Eliseo Cuenca, Jonatán Cuenca, Susana Cuenca, Isaí Delarca, Manuel Figueroa, Lisa Flower, Miguel Flower, Ivonne Benard Gardner, Déborah Garwood, Rut Torres Harris, Lourdes Huhta, Claudia Loftis, Wanda Maldonado, Víctor Martínez, Alejandro Milla, Melody Moore, Antonio Moyano, Argyle Paddock, Hidaí Ponce, Rosa Quiñones, Israel Román, Maribel Ruiz, Christopher Valdés, Priscilla Vélez, Andrew Wolf, Marcy Wolsieffer; Larry Carrier, technical advisor; and very special thanks to Corban Tabler, our recording engineer.

To the Student

CD Exercises

While the written word is important in the modern world, languages are meant to be spoken. Therefore, the first half of this text utilizes the SPANISH 1 Listening CDs as a valuable tool in helping you to develop the listening and speaking skills needed to be a good Spanish speaker. They will help you to learn the sounds of Spanish and to practice the grammar forms and constructions you are learning in the textbook and using daily in class.

In order to make your time count the most as you use the program, do not passively listen to the CDs. Practice aloud in the pauses provided for you. If you are able to work with the CDs at home on your own, set aside several times a week to practice the exercises that go along with the classroom lessons. Work with each portion of the CD until you understand the exercises and can do them easily and, as much as possible, without errors. You will probably need to repeat some of the sections several times.

Most of the people whose voices you will hear on the CDs are native speakers. Their accents differ from each other somewhat because the speakers are from different parts of the Spanish-speaking world, but their pronunciation is authentic; so you can be certain that the models you hear are realistic.

As you listen to the CDs, you will be asked to follow along in your Activities Manual or text-book. Some of the exercises combine listening, speaking, and writing; others combine reading and listening; still others are entirely listening exercises with very little in print for you to see. These exercises help develop your listening skills.

You will need the following supplies for each CD session:

1. Your Activities Manual

2. Your textbook

3. A pencil or pen

Written Exercises

The writing activities in the second half of the Activities Manual enable you to practice writing grammar forms and constructions.

Whether the exercises are given as classwork or homework, do your best to answer correctly and check your work to learn how well you did. If your answers are not exactly perfect the first time, just remember that communication is your first goal, and keep trying.

Si, pues, coméis o bebéis, o hacéis otra cosa, hacedlo todo para la gloria de Dios.
—Primero de Corintios 10:31

LOS PAÍSES DE HABLA ESPAÑOLA

ORAL CD

 **Capítulo Uno**

Introducción ▲▲

I. Saludos

Follow along on page 2 of your textbook.

II. Presentaciones

It is the first day of classes, and Margarita and Felipe get acquainted with each other. Listen to the dialogue.

Margarita:	¡Hola! Soy Margarita. ¿Cómo te llamas?
Felipe:	Me llamo Felipe.
Margarita:	Mucho gusto, Felipe.
Felipe:	¿Cómo se llama la profesora?
Margarita:	Se llama la señorita Rojas.

III. Adjetivos

You already know more words in Spanish than you realize. You will be able to recognize most, if not all, of the following words. Listen and repeat.

normal, justo, posible, imposible, práctico, impráctico, probable, inteligente, terrible, maravilloso, espléndido, interesante, brillante, importante, necesario, innecesario, estudioso, académico, común, famoso, impulsivo, cruel, sincero, generoso, nervioso, religioso, diplomático, político, económico

IV. Los números

A. *Listen to the following numbers.*

0	cero	6	seis
1	uno	7	siete
2	dos	8	ocho
3	tres	9	nueve
4	cuatro	10	diez
5	cinco		

B. *Repeat the numbers after you hear them on the tape.*

C. *Say the number that follows the number you hear.*

D. *Listen as the speaker says her telephone number in Spanish.*

V. Profesiones

You will be able to recognize most, if not all, of the following professions or occupations. Listen and repeat.

profesor, estudiante, oficinista, secretaria, doctor, dentista, pastor, ministro, músico, violinista, guitarrista, organista, pianista, arquitecto, ingeniero, electricista, contratista, carpintero, plomero, aviador, piloto, general, capitán, sargento, detective, policía

VI. La familia

Follow along on page 7 of your textbook.

A. Listen and repeat.

B. Now, let's meet your family. Say aloud the names of the people asked for in the following questions.

1. ¿Cómo se llama tu madre?
   Se llama . . .

2. ¿Cómo se llama tu padre?
   Se llama . . .

3. ¿Cómo se llama tu abuelo?
   Se llama . . .

4. ¿Cómo se llama tu abuela?
   Se llama . . .

5. ¿Cómo se llama tu hermana?
   Se llama . . .

6. ¿Cómo se llama tu hermano?
   Se llama . . .

VII. La clase

Let's see whether you know the names of the following objects. Write the number of the word you hear next to the appropiate picture. The model is marked for you.

Modelo: *You hear:* una silla
You mark the picture as shown.

 _modelo_

 _____

 _____

 _____

 _____

 _____

 _____

 _____

 _____

 _____

 _____

VIII. Los días de la semana

Listen as the speaker names the days of the week. The first day of the week is Monday. Repeat after the speaker.

lunes	viernes
martes	sábado
miércoles	domingo
jueves	

IX. El alfabeto

A. *Say each letter after the speaker.*

a	j	r
b	k	rr
c	l	s
ch	ll	t
d	m	u
e	n	v
f	ñ	w
g	o	x
h	p	y
i	q	z

B. *There are only five basic vowel sounds in Spanish. Say each vowel after the speaker.*

a   e   i   o   u

C. *Spell your name.*

X. Dictado

In this section of the lesson, you will hear a sentence three times. The first time you hear the sentence, listen only. The second time through, write the sentence in the space provided. The third time, check your work.

1. Buenas Dias Senor Rojas.
2. ¿Como te llamas?
3. Me llamo Anna Gomez.
4. ¿Como estas Anna?
5. Estoy Bien, Gracias,

 **Capítulo Dos**

Lección 1▲▲▲

I. Versículo

Salmo 23:1 Jehová es mi pastor; nada me faltará.

II. Diálogo

Follow along on page 13 of your textbook.

III. Vocabulario

Follow along on page 14 of your textbook. Escuche y repita.

IV. Preguntas y respuestas

A. *You will hear a question. Answer affirmatively. Then you will hear the confirmation.*

Modelo: *You hear:* ¿Es una Biblia?
         You answer: Sí, es una Biblia.
         You hear the confirmation: Sí, es una Biblia.

B. *Decide whether the sentence you hear is a question or a statement. Mark the appropriate space.*

	Question	Statement
1		
2		
3		
4		
5		
6		

V. El negativo

You will hear a question. Answer negatively by first saying no and then making the verb negative.

Modelo: *You hear:* ¿Es una iglesia bautista?
         You say: No, no es una iglesia bautista.
         You hear the confirmation: No, no es una iglesia bautista.

VI. El sustantivo y el artículo definido

Substitute the italicized words in each sentence with the word you hear after the speaker reads the sentence.

Modelo: *You hear:* Es *la maestra* de la escuela dominical. (maestro)
         You say: Es el maestro de la escuela dominical.

    1. Es *el tío* de Felipe.
                                     2. Es *la prima* de Marcos.

3. Es *el himnario* de la iglesia.

4. Es *el Nuevo Testamento* de María.

5. Es *la tiza* de la maestra.

6. Es *el padre* de José.

7. Es *la puerta* de la clase.

VII. Pronunciación

Follow along on page 19 of your textbook.

VIII. Dictado

Escuche y escriba.

1. _____

2. _____

3. _____

4. _____

5. _____

Oral CD

Lección 2 ▲▲

I. Versículo

I Juan 5:12 El que tiene al Hijo, tiene la vida; el que no tiene al Hijo de Dios no tiene la vida.

II. Diálogo

Follow along on page 21 of your textbook.

III. Vocabulario

Refer to the illustration below to complete this section. Say verdadero *if the statement you hear is true or say* falso *if the statement is false.*

Modelo: *You hear:* La casa tiene dos baños.
          You say: falso

IV. El verbo *tener* (singular)

A. *Repeat the singular forms of the verb* tener *along with the singular subject pronouns.*

yo tengo

tú tienes

Ud., él, ella tiene

B. *Give the correct form of the verb* tener.

Modelo: *You hear:* María
         You say: María tiene.

V. Adjetivos posesivos (singular)

A. *The following phrases contain the singular forms of the possessive adjectives. Repeat each phrase after the speaker.*

Es mi casa.

Es tu apartamento.

Es su garaje.

B. *You will hear a question. Answer the question affirmatively, using the appropriate possessive adjective.*

Modelo: *You hear:* ¿Es tu libro?

You say: Sí, es mi libro.

You hear the confirmation: Sí, es mi libro.

VI. Repaso de los artículos

You will hear a sentence. In the space provided, write d *if you hear a definite article used in the sentence; write* i *if you hear an indefinite article used.*

Modelo: *You hear:* Ella es la mamá de Elena.

You write: d

You hear the confirmation: d (definite article)

1. _____   6. _____

2. _____   7. _____

3. _____   8. _____

4. _____   9. _____

5. _____   10. _____

VII. Pronunciación

Follow along on page 26 of your textbook.

VIII. Dictado

Escuche y escriba.

1. _____

2. _____

3. _____

4. _____

5. _____

IX. Let's sing!

Follow along on page 24 of your textbook.

Lección 3 ▲▲

I. Versículo

Juan 14:2 En la casa de mi Padre muchas moradas hay.

II. Diálogo

Follow along on page 27 of your textbook.

III. Vocabulario

Follow along on page 28 of your textbook. Escuche y repita.

IV. Preguntas con respuestas afirmativas/negativas

A. *Change the following statements to questions. Follow the model.*

Modelo: *You see:* El colegio tiene una biblioteca.
           You say: ¿Tiene el colegio una biblioteca?
           You hear the confirmation: ¿Tiene el colegio una biblioteca?

1. La clase de biología es difícil.
2. El profesor de inglés es interesante.
3. Tienes una clase de historia.
4. Juan es un estudiante bueno.
5. La escuela tiene una cafetería.

B. *Change the statements in exercise* **A** *to questions by using the tag question that you hear.*

Modelo: *You see:* El colegio tiene una biblioteca.
           You hear: ¿verdad?
           You say: El colegio tiene una biblioteca, ¿verdad?

V. La preposición *de* para indicar posesión

Refer to the pictures below to answer the following questions about possession.

Modelo: *You hear:* ¿De quién es la guitarra?
           You say: La guitarra es de Pedro.

Lucía   Pedro

Ana

VI. La preposición *de* para indicar relación y categoría

Form a complete statement by using the preposition de *and the noun that you hear.*

Modelo:　*You see:* libro
　　　　　You hear: historia
　　　　　You say: Es el libro de historia.
　　　　　You hear the confirmation: Es el libro de historia.

1. clase
2. clase
3. profesor

4. aula
5. gimnasio
6. escuela

VII. Pronunciación

Follow along on page 33 of your textbook.

VIII. Dictado

Escuche y escriba.

1. _____
　_____

2. _____
　_____

3. _____

4. _____
　_____

5. _____

 **Capítulo Tres**

Lección 4 ▲▲▲

I. Versículo

Génesis 3:9 Mas Jehová Dios llamó al hombre, y le dijo: ¿Dónde estás tú?

II. Diálogo

Follow along on page 35 of your textbook.

III. El verbo *estar* (singular)

A. *Repeat the singular forms of* estar.

yo estoy

tú estás

Ud., él, ella está

B. *A student from a Spanish country will ask you a question. Answer the question by referring to the cue provided.*

Modelo: *You hear:* ¿Dónde *estoy*?
        You see: Buenos Aires, Argentina.
        You say: Estás en Buenos Aires, Argentina.
        You hear the confirmation: Estás en Buenos Aires, Argentina.

1. Santiago, Chile
2. La Paz, Bolivia
3. Caracas, Venezuela
4. Perú
5. Estoy en . . .

IV. La frase interrogativa ¿Dónde está?

You will hear a question followed by two statements. Circle the letter of the statement that correctly describes the picture. The model is marked for you.

Modelo: *You hear:* ¿Dónde está el gato?
           a. Está encima de la silla.
           b. Está debajo de la silla.
   You circle b *and say:* Está debajo de la silla.

     a   b

1. a   b   2. a   b   3. a   b

4. a   b   5. a   b   6. a   b

V. Vocabulario

Follow along on page 38 of your textbook. Escuche y repita.

VI. Adjetivos con *estar*

You will hear an incorrect statement about the condition of the person or thing in the picture. Correct the statement so that it matches the picture.

Modelo: *You hear:* Marcos está sano.
        You say: No, Marcos está enfermo.
        You hear the confirmation: No, Marcos está enfermo.

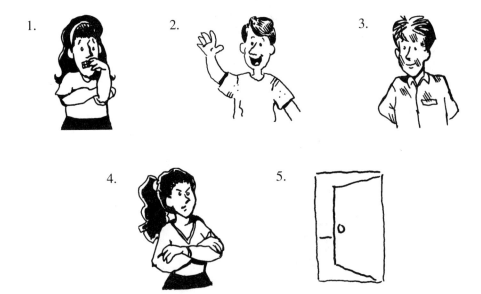

1.   2.   3.

4.   5.

VII. Pronunciación

A. *Follow along on page 41 of your textbook.*

B. *Listen to the following English words:*

loose	two
Sue	loop

Now listen to the Spanish words:

luz	tu
su	lupa

Do you hear the contrast?

loose	luz
Sue	su
two	tu
loop	lupa

VIII. Dictado

Escuche y escriba.

1. _____

_____

2. _____

_____

3. _____

_____

4. _____

_____

5. _____

_____

Lección 5 ▲▲▲

I. Versículo

Salmo 27:1 Jehová es mi luz y mi salvación; ¿de quién temeré?

II. Lectura

Follow along on page 43 of your textbook.

III. Vocabulario

Contradict the statements made by the speaker by replacing the adjective you hear with one indicating an opposite trait.

Modelo: *You hear:* Adolfo es bueno.
     You say: No, no es bueno. Es malo.
     You hear the confirmation: No, no es bueno. Es malo.

IV. El verbo *ser* (singular)

A. *Repeat the singular forms of the verb* ser.

  yo soy

  tú eres

  Ud., él, ella es

B. *Use the cues provided to make a complete sentence using the verb* ser.

Modelo: *You see:* yo / pequeño
     You say: Yo soy pequeño.
     You hear the confirmation: Yo soy pequeño.

1. yo / rico	6. Raquel / inteligente
2. él / generoso	7. yo / viejo
3. ella / simpática	8. tú / guapo
4. tú / bonita	9. Ud. / bueno
5. Tomás / aburrido	10. el profesor / interesante

V. Posición del adjetivo descriptivo

Restate the sentence that you hear so that it begins with the verb form es.

Modelo: *You hear:* El carro es bonito.
     You say: Es un carro bonito.
     You hear the confirmation: Es un carro bonito.

VI. El uso de *ser* para expresar profesión, nacionalidad y religión

Reword the statement that you hear, according to the new subject given.

Modelo: *You hear:* Pablo es español.
     You see: Paulina
     You say: Paulina es española.
     You hear the confirmation: Paulina es española.

1. Manuel	5. Francisca
2. Katrina	6. Charlie
3. Juan	7. Josefina
4. Silvia	8. Victoria

VII. Pronunciación

La vocal *a* (unión)

A. *When words ending in* a *are followed by words also beginning with* a, *Spanish speakers generally pronounce only one* a.

Practique las palabras: capa azul, puerta abierta, avenida ancha

Practique la frase: Una amiga de la abuela de María vive en la avenida La amistad.

B. *Listen to the following sentences. After the first reading, mark where the words are linked together. Pronounce the sentences after the second reading. The first item serves as a model.*

Modelo: Tengo una‿abuela en la‿Argentina.

1. Se usa la aguja para arreglar la alforja.

2. La almendra amarga la ama Alicia.

3. La angélica amiga de Dorita la anima.

VIII. Comprensión

Listen to the reading and then complete the verification section.

IX. Verificación

Underline the word that correctly completes the sentence.

1. Carmen es (hermana, amiga) de Pablo.

2. Pablo es (simpático, antipático).

3. Carmen es (aburrida, inteligente).

4. Pablo es de (La República Dominicana, México).

5. Carmen está (contenta, de mal humor).

Lección 6 ▲▲▲

I. Versículo

Hebreos 13:8 Jesucristo es el mismo ayer, y hoy, y por los siglos.

II. Diálogo

Follow along on page 52 of your textbook.

III. Vocabulario

Follow along on page 53 of your textbook. Escuche y repita.

IV. El uso de la preposición *de* con *ser*

A. *You will hear a question. Choose the answer that best fits the question and then make a complete statement.*

Modelo: *You hear:* ¿De qué es la camisa?
   You see: a. algodón b. el señor Blanco
   You choose a *and say:* Es de algodón.
   You hear the confirmation: Es de algodón.

Comience:

1. a. México
 b. poliéster

2. a. Paco
 b. Puerto Rico

3. a. España
 b. Pedro

4. a. José
 b. oro

5. a. cuero
 b. el Sr. Fuentes

6. a. algodón
 b. Perú

7. a. plástico
 b. Mirna

8. a. Argentina
 b. plata

B. *Choose the question that best represents the answer given.*

Modelo: *You hear:* El reloj es de oro.
   You see: a. ¿De quién es el reloj?
       b. ¿De qué es el reloj?
   You choose b *and say:* ¿De qué es el reloj?

1. a. ¿Cómo es el profesor?
 b. ¿De dónde es el profesor?

2. a. ¿De qué es la corbata?
 b. ¿De quién es la corbata?

3. a. ¿Quién es Jorge Washington?
 b. ¿De dónde es Jorge Washington?

4. a. ¿Cómo es el señor?
 b. ¿Dónde está el señor?

5. a. ¿Quién es el misionero?
 b. ¿Dónde está el misionero?

6. a. ¿Cómo es la mesa?
 b. ¿De qué es la mesa?

V. Resumen de *ser* y *estar*

A. *Complete the following sentences by inserting the correct form of the verb* ser *or* estar.

Modelo: *You see:* La muchacha _____ bonita.
   You write: La muchacha _*es*_ bonita.
   You hear the confirmation: La muchacha es bonita.

1. El libro _____ grande.

2. El lápiz _____ en mi bolsillo.

3. El director de la escuela _____ en su oficina.

4. La escuela _____ al lado de la iglesia.

5. La profesora de inglés _____ mi madre.

6. El himnario _____ del director de música.

7. Roberto _____ detrás de su amiga Felipa.

8. La casa de Maritza _____ grande.

B. *Listen to each sentence and determine whether it contains a form of estar or ser. Fill in the space with the verb you hear.*

Modelo: La mesa _____*está*_____ sucia.

1. Él _____ moreno.

2. Mi tío _____ tacaño.

3. El profesor _____ de buen humor hoy.

4. Yo _____ nervioso esta mañana.

5. Tú _____ muy delgado.

6. Yo _____ bastante inteligente.

7. ¿Tú _____ cansado?

8. El muchacho _____ muy simpático.

9. La señorita _____ nerviosa.

10. Tú _____ muy inteligente.

VI. El pronombre relativo *que*

You will hear a sentence. Use the cue given to enlarge the sentence. Follow the model.

Modelo: *You hear:* El gato es de mi hermana.
       You see: El gato está debajo de la silla.
       You say: El gato que está debajo de la silla es de mi hermana.
       You hear the confirmation: El gato que está debajo de la silla es de mi hermana.

1. El muchacho es muy alto.

2. El hombre tiene la Biblia.

3. El carro está detrás de la casa.

4. La señorita está en el carro.

5. El muchacho es un poco loco.

6. La señora está al lado de mi mamá.

VII. Pronunciación

A. *Follow along on page 56 of your textbook.*

B. *Repeat each phrase in the pause provided.*

VIII. Dictado

Escuche y escriba.

1. _____

2. _____

3. _____

4. _____

5. _____

 **Capítulo Cuatro**

Lección 7 ▲▲

I. Versículo

Proverbios 15:3 Los ojos de Jehová están en todo lugar, mirando a los malos y a los buenos.

II. Diálogo

Follow along on page 59 of your textbook.

III. Los pronombres personales

A. *The chart below contains the complete listing of the subject pronouns. Repeat each pronoun after you hear it on the tape.*

yo	nosotros, nosotras
tú	vosotros, vosotras
usted	ustedes
él, ella	ellos, ellas

B. *Supply the pronoun that refers to each noun you hear.*

Modelo: *You hear:* María y Carmen
  You say: ellas
  You hear the confirmation: ellas

C. *Repeat each statement you hear, replacing the names in italics with the correct pronouns.*

Modelo: *You see and hear: Marta y José* están en el museo.
  You say: Ellos están en el museo.
  You hear the confirmation: Ellos están en el museo.

1. *Raúl y Daniel* están en la estación de autobús.

2. *Melisa y Doris* están detrás del carro.

3. *Felipe y yo* estamos en la calle.

4. *Ud., Juan y Carmen* están en Puerto Rico.

5. *Uds. y yo* estamos delante de la clase.

6. *Ignacio* está al lado de Isabel.

7. *Mis amigos* están en la iglesia.

8. *Yolanda* está en el parque.

9. *Miguel, Diana y Uds.* están en el teatro.

10. *Josefa, Carmen y Anita* están en la tienda.

IV. El verbo *estar*

A. *Say the conjugation of the verb* estar *after the speaker.*

yo estoy	nosotros estamos
tú estás	vosotros estáis
Ud. está	Uds. están
él está	ellos están

B. *Sara has sent a page of her photo album. It shows all the places her youth group visited when they went to San Juan. Refer to the illustrations to tell where the people in the photos are. Be sure to use the correct form of estar.*

Modelo: *You hear:* Jaime y Raúl
You say: Jaime y Raúl están en el restaurante.
You hear the confirmation: Jaime y Raúl están en el restaurante.

modelo

3.

1.

4.

2.

5.

V. El plural de los adjetivos

A. *Replace the subjects in italics with the names you hear. Make sure the adjectives in the sentences agree with the new subjects.*

Modelo: *You see: Diana y Carmen* están contentas.
You hear: Juan y Carlos
You say: Juan y Carlos están contentos.
You hear the confirmation: Juan y Carlos están contentos.

1. *Rosa y Ana* están enfermas.

2. *Juan* está cansado.

3. *Silvia* está nerviosa.

4. *María y Marta* están de buen humor.

5. *Sonia* está triste.

Oral CD

B. *Answer each question using the correct form of the adjective provided.*

Modelo: *You see:* contento
You hear: ¿Cómo están Diana y Carola?
You say: Están contentas.
You hear the confirmation: Están contentas.

1. cansado
2. entusiasmado
3. alegre
4. nervioso
5. triste

6. ocupado
7. furioso
8. feliz
9. de buen humor
10. enfermo

VI. Repaso del verbo *estar*

For each statement that you hear, supply an appropriate question using the question words ¿dónde? or ¿cómo? plus the proper form of estar.

Modelo: *You hear:* Yo estoy en la escuela.
You ask: ¿Dónde estás?
You hear the confirmation: ¿Dónde estás? *or*
You hear: Marcos está aburrido.
You ask: ¿Cómo está Marcos?
You hear the confirmation: ¿Cómo está Marcos?

VII. Pronunciación

Follow along on page 65 of your textbook.

VIII. Dictado

Escuche y escriba.

1. _____
   _____

2. _____
   _____

3. _____
   _____

4. _____
   _____

5. _____
   _____

Lección 8 ▲▲▲▲▲▲▲▲▲▲▲▲▲▲▲▲▲▲▲▲▲▲▲▲▲▲▲▲▲▲▲▲▲▲▲▲▲

I. Versículo

Romanos 5:1 Justificados, pues, por la fe, tenemos paz para con Dios por medio de nuestro Señor Jesucristo.

II. Diálogo

Feliz cumpleaños

Débora and Rebeca bring a cake to their grandfather for his birthday.

Débora y Rebeca: ¡Feliz cumpleaños!

Abuelo: Gracias, niñas. Estoy muy contento. El pastel es bonito.

Rebeca: ¿Cuántos años tienes, abuelo?

Abuelo: Muchos años.

Rebeca: Pero, ¿cuántos?

Abuelo: Tengo sesenta años.

Rebeca: ¿Verdad? ¡Sesenta! Eres viejo, abuelo.

Débora: ¡Rebeca, más respeto!

Abuelo: Y tú, ¿cuántos años tienes, jovencita?

Rebeca: Tengo ocho años.

Débora: Y yo tengo casi quince años.

Abuelo: ¡Quince años! Ahora sí me siento viejo. Vamos, señoritas, es hora de comer el pastel.

III. Vocabulario

A. Say the numbers after the speaker.

11	once	30	treinta
12	doce	40	cuarenta
13	trece	50	cincuenta
14	catorce	60	sesenta
15	quince	70	setenta
16	dieciséis	80	ochenta
17	diecisiete	90	noventa
18	dieciocho	100	cien
19	diecinueve	1.000	mil
20	veinte	1.000.000	millón

B. Say the number that follows the number you hear.

C. Cover your manual and count by 2s from cero to veinte. When you finish, you will hear the confirmation.

D. Solve the following subtraction problems.

Modelo: *You hear:* Veinte menos diez son . . .
You say: Veinte menos diez son diez.

IV. El verbo *tener*

A. *Repeat the conjugation of the verb* tener *after the speaker.*

yo tengo   nosotros tenemos
tú tienes   vosotros tenéis
Ud. tiene   Uds. tienen
él tiene   ellos tienen

B. *The speaker will give you the subject for each of the following sentences. Read the complete sentence supplying the correct form of the verb* tener.

Modelo: *You hear:* Pablo y Marcos
          You say: ___Pablo y Marcos tienen___ carros grandes.
          You hear the confirmation: Pablo y Marcos tienen carros grandes.

1. bolsas nuevas.

2. una clase de español a las tres.

3. una familia grande.

4. tareas todos los días.

5. guitarras españolas.

V. *Tener* para indicar edad

Answer the questions according to the picture cues.

Modelo: *You hear:* ¿Cuántos años tiene María?
          You say: María tiene veinte años.

modelo

1.

2.

3.

4.

5.

VI. Los números del 20 al 29

A. Say the numbers after the speaker.

20	veinte	25	veinticinco
21	veintiuno	26	veintiséis
22	veintidós	27	veintisiete
23	veintitrés	28	veintiocho
24	veinticuatro	29	veintinueve

B. Say the number that precedes the number you hear.

VII. Los artículos definidos

Make the nouns you hear plural.

Modelo: *You hear:* la oficina
You say: las oficinas *or*
You hear: el hospital
You say: los hospitales

VIII. Los números del 30 al 99

A. Repeat the numbers after me.

30	treinta	70	setenta
31	treinta y uno	71	setenta y uno
32	treinta y dos	80	ochenta
40	cuarenta	81	ochenta y uno
41	cuarenta y uno	90	noventa
50	cincuenta	91	noventa y uno
51	cincuenta y uno	92	noventa y dos
60	sesenta	93	noventa y tres
61	sesenta y uno	99	noventa y nueve

B. The baseball team is taking the field. The announcer is calling out their names and numbers. As each one is announced, write down his number in the space provided.

Modelo: *You hear:* Pedro González, número treinta y tres.
You write the numeral 33.

1. _____   6. _____
2. _____   7. _____
3. _____   8. _____
4. _____   9. _____
5. _____

IX. Pronunciación

A. Follow along on page 70 of your textbook.

B. *Repeat the following words after the speaker.*

1. jus-ti-fi-ca-dos
2. te-ne-mos
3. ha-blo

4. Je-su-cris-to
5. Sal-va-dor

X. Dictado

Escuche y escriba.

1. _____

   _____

2. _____

   _____

3. _____

   _____

4. _____

   _____

5. _____

   _____

Lección 9 ▲▲▲

I. Versículo

I Juan 1:9 Si confesamos nuestros pecados, él es fiel y justo para perdonar nuestros pecados, y limpiarnos de toda maldad.

II. Lectura

Follow along on page 72 of your textbook.

III. El verbo *ser*

A. Say the conjugation of the verb ser **after the speaker.**

yo soy	nosotros somos
tú eres	vosotros sois
Ud. es	Uds. son
él es	ellos son

B. For each statement you hear, supply the appropriate question. Use the question words ¿de dónde? or ¿quién? or ¿quiénes?

Modelo: *You hear:* Alberto es de Puerto Rico.
You ask: ¿De dónde es Alberto? *or*
You hear: Alicia y Rut son mis hermanas.
You ask: ¿Quiénes son Alicia y Rut?

1. Bárbara
2. David y Carlos
3. los señores Ruíz
4. nosotros
5. el Sr. Marín
6. los padres de Gregorio (Uds.)
7. Horacio y Anastasio
8. Ricardo
9. María y Marta
10. Berta

C. Describe the item or person you hear, according to the cue provided. Be sure to use the correct form of the verb and adjective in each case.

Modelo: *You hear:* los sombreros
You see: grande
You say: Los sombreros son grandes.
You hear the confirmation: Los sombreros son grandes.

1. nuevo
2. pequeño
3. cristiano
4. bondadoso
5. bonito
6. inteligente
7. feliz
8. guapo

IV. La hora y los minutos

A. *Draw hands on the clock to portray the time you hear.*

1.

2.

3.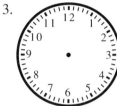

4.

5.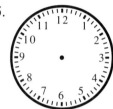

B. *Answer the question according to the clock provided.*

Modelo: *You hear:* ¿Qué hora es?
       You say: Son las dos y cuarto.

modelo

1.

2.

3.

4.

5.

6.

7.

8.

C. *Refer to the schedule of services and activities of the First Baptist Church of Levittown, Puerto Rico, to answer the questions that you hear.*

Modelo: *You hear:* ¿A qué hora es el servicio de adoración?
You answer: Es a las diez y media de la mañana.
You hear the confirmation: Es a las diez y media de la mañana.

La Primera Iglesia Bautista de † Levittown

Levittown, Puerto Rico

Horario de servicios

Los domingos

Escuela dominical:	9:30 A.M.
Servicio de adoración:	10:30 A.M.
Visitación:	2:15 P.M.
Servicio evangelístico:	7:00 P.M.

Los miércoles

Servicio de oración y estudio bíblico:	7:30 P.M.
Ensayo de coro:	8:15 P.M.

Los sábados

Servicio de jóvenes:	7:45 P.M.

BIENVENIDOS

V. Pronunciación

A. *Follow along on page 79 of your textbook.*

B. *Listen to the following words and circle the syllable that receives the stress.*

1. co mi da
2. A mé ri ca
3. pa la bra
4. ver dad
5. a mor
6. fe liz

7. li te ra tu ra
8. ge o gra fí a
9. res tau ran te
10. a bril
11. a mén
12. ro sas

VI. Dictado

Escuche y escriba.

1. _____
2. _____
3. _____
4. _____
5. _____

Capítulo Cinco

Lección 10 ▲▲

I. Versículo

Juan 3:7b Os es necesario nacer de nuevo.

II. Diálogo

Follow along on page 82 of your textbook.

III. Vocabulario

Look at the picture; then listen as the speaker makes three statements. Circle a, b, or c to indicate which statement best describes the picture.

1. a   b   c

3. a   b   c

2. a   b   c

4. a   b   c

IV. Los verbos -*ar*

A. *Say the conjugation of the verb* cantar *after the speaker.*

yo canto	nosotros cantamos
tú cantas	vosotros cantáis
Ud. canta	Uds. cantan
él canta	ellos cantan

B. *Give the correct form of the verb* cantar *according to each subject provided. You will hear the confirmation.*

C. *Fill in each blank with the correct form of the verb that you hear.*

Modelo: *You see:* Yo _____ la trompeta.
         You hear: practicar
         You say: Yo __*practico*__ la trompeta.
         You hear the confirmation: Yo practico la trompeta.

1. Ella _____ un carro nuevo.

2. Nosotros _____ en la oficina.

3. Manuel _____ música clásica.

4. Uds. _____ el partido de tenis.

5. Yo _____ el himno en el piano.

6. Los estudiantes _____ la Biblia todos los días.

7. Tú _____ por dos horas.

V. Pronombres con las preposiciones

Answer the questions affirmatively. Replace the words in italics with the appropriate pronouns.

Modelo: *You see and hear:* ¿Cantas para *tu novia*?
You say: Sí, canto para ella.
You hear the confirmation: Sí, canto para ella.

1. ¿Practicas con *los muchachos*?

2. María estudia *contigo*, ¿verdad?

3. José Luis practica los cantos con *Mayra*, ¿no?

4. ¿Trabajas con *tu papá*?

5. La muchacha habla con *sus amigas*, ¿verdad?

6. Pedro está al lado de *sus padres*, ¿no?

7. Marta tiene algo para *ti*, ¿verdad?

VI. Pronunciación

Follow along on page 87 of your textbook.

VII. Dictado

Escuche y escriba.

1. _____

_____

2. _____

_____

3. _____

_____

4. _____

_____

5. _____

_____

Lección 11 ▲▲

I. Versículo

Romanos 6:23 Porque la paga del pecado es muerte, mas la dádiva de Dios es vida eterna en Cristo Jesús Señor nuestro.

II. Diálogo

Follow along on page 88 of your textbook.

III. Vocabulario

Choose the correct word from the list provided to complete each sentence. You will hear the confirmation.

Modelo: *You see:* El señor Hernández _____ un solo.
         You hear: canta, camina
         You say: El señor Hernández __canta__ un solo.
         You hear the confirmation: El señor Hernández canta un solo.

1. Rosa y Carmen cantan un _____.

2. Los jóvenes _____ un cuarteto para cantar esta noche.

3. Raúl _____ la trompeta muy bien.

4. José Luis _____ fotos de sus amigos.

5. El pastor _____ los domingos en la iglesia.

IV. Resumen: El presente de los verbos que terminan en -ar

A. Underline the correct form of the verb used in each sentence that you hear.

Modelo: *You hear:* Roberto ensaya un solo.
         You see: ensayan, ensayo, ensaya
         You underline ensaya.

1. predico, predica, predican
2. practico, practica, practican
3. ensayo, ensayas, ensaya

4. canto, cantas, canta
5. toco, tocamos , tocan

B. Fill in each blank with the correct form of the verb you hear.

Modelo: *You see:* Jesucristo _____ a sus discípulos.
         You hear: llamar
         You say: Jesucristo __llama__ a sus discípulos.
         You hear the confirmation: Jesucristo llama a sus discípulos.

1. Nosotros _____ español todos los días.
2. Santiago y Pablo _____ la radio.
3. Mi hermano _____ el violín.
4. Yo _____ en un restaurante todos los sábados.
5. Tú _____ fotos de los animales.
6. Nosotros _____ español en la clase.
7. Mayra _____ a los chicos en la iglesia.
8. Usted siempre _____ a Marta a las fiestas.
9. El trío _____ en la iglesia el domingo.
10. Las señoritas _____ a sus amigos delante de la iglesia.

V. El plural del artículo indefinido

Answer each of the following questions using the cue given and the correct indefinite article.

Modelo: *You hear:* ¿Qué hay en el escritorio?
           You see: libros
           You say: Hay unos libros en el escritorio.
           You hear the confirmation: Hay unos libros en el escritorio.

1. lápices
2. amigos
3. sombreros
4. sodas
5. violines

VI. El *a* personal

A. Construct sentences using the information given and the verbs you hear. Use the personal a when necessary.

Modelo: *You see:* nosotros / nuestros amigos
           You hear: esperar
           You say: Nosotros esperamos a nuestros amigos.
           You hear the confirmation: Nosotros esperamos a nuestros amigos.

1. los jóvenes / sus padres
2. todos los estudiantes / muchas tareas
3. los chicos / las chicas
4. nosotros / nuestros padres
5. el señor alto / profesor de historia
6. Maritza / la flauta muy bien
7. la familia nueva / una casa
8. yo / Carlos
9. tú / la televisión
10. la estudiante / Bolivia en el mapa

B. Look at each statement. Then form a question to which the statement could be the answer.

Modelo: *You see:* Juan espera a María.
           You say: ¿A quién espera Juan?
           You hear the confirmation: ¿A quién espera Juan?

1. Mario invita a sus amigos.
2. Pablo mira los animales.
3. Sara y Raquel esperan a los chicos.
4. Sus padres buscan los cantos.
5. El cuarteto ensaya un himno.
6. Los estudiantes escuchan al pastor.
7. El doctor Santos enseña biología.
8. José y María buscan a Jesús en el templo.
9. Los doctores en el templo escuchan a Jesús.
10. Jesús es nuestro Salvador.

VII. Pronunciación

Follow along on page 93 of your textbook.

VIII. Dictado

Escuche y escriba.

1. _____

_____

2. _____

_____

3. _____

_____

4. _____

_____

5. _____

_____

Lección 12 ▲▲

I. Versículo

Juan 6:37b Al que a mí viene, no le echo fuera.

II. Diálogo

Follow along on page 95 of your textbook.

III. Vocabulario

Look at each picture. The speaker will make three statements about each one. Circle the letter of the statement that best describes the picture.

1. a   b   c

3. a   b   c

2. a   b   c

4. a   b   c

IV. Usos del infinitivo

Answer each question affirmatively.

Modelo: *You hear:* ¿Te gusta hablar español?
          You say: Sí, me gusta hablar español.
          You hear the confirmation: Sí, me gusta hablar español.

V. Palabras afirmativas y negativas

Answer each question in the negative.

Modelo: *You hear:* ¿Hay alguien en el carro?
          You say: No, no hay nadie en el carro.
          You hear the confirmation: No, no hay nadie en el carro.

Oral CD

VI. Pronunciación

Follow along on page 100 of your textbook.

VII. Dictado

Escuche y escriba.

1. _____

_____

2. _____

_____

3. _____

_____

4. _____

_____

5. _____

_____

Capítulo Seis

Lección 13 ▲▲

I. Versículo

Juan 10:11 Yo soy el buen pastor; el buen pastor su vida da por las ovejas.

II. Diálogo

Follow along on page 102 of your textbook.

III. Vocabulario

A. *Write the number of the statement you hear beside the appropriate illustration.*

B. *Form a complete statement using the subject that you hear and the infinitive and phrase provided in your manual.*

Modelo: *You see:* ir a pie a la escuela
         You hear: Pedro y Marcos
         You say: Pedro y Marcos van a pie a la escuela.
         You hear the confirmation: Pedro y Marcos van a pie a la escuela.

1. ir al museo en taxi

2. ir al centro en el metro

3. ir al parque en motocicleta

4. ir a Tucson en autobús

5. ir a pie a la iglesia

6. dar tareas a los estudiantes

7. dar regalos el veinticinco de diciembre

IV. El verbo *ir*

A. *Say the conjugation of the verb* ir *after the speaker.*

yo voy	nosotros vamos
tú vas	vosotros vais
Ud. va	Uds. van
él va	ellos van

B. You will hear a subject and a destination. Form a complete sentence by connecting the phrases you hear with the correct form of the verb ir.

Modelo: *You hear:* Mi padre / Nueva York.
You say: Mi padre va a Nueva York.
You hear the confirmation: Mi padre va a Nueva York.

V. Estar + participio

Restate the following sentences to indicate that the subject is performing the action right now.

Modelo: *You see and hear:* David y Mario compran un regalo.
You say: David y Mario están comprando un regalo.
You hear the confirmation: David y Mario están comprando un regalo.

1. Santiago estudia en la biblioteca.
2. Mis hermanos practican los himnos para el domingo.
3. Nosotros miramos la televisión.
4. Yo hablo por teléfono con Raquel.
5. Tú trabajas demasiado.
6. Ustedes tocan el piano muy bien.

VI. Pronunciación

Follow along on page 107 of your textbook.

VII. Dictado

Escuche y escriba.

1. _____
_____

2. _____
_____

3. _____
_____

4. _____
_____

5. _____
_____

Lección 14 ▲▲▲

I. Versículo

Hechos 16:31 Cree en el Señor Jesucristo, y serás salvo, tú y tu casa.

II. Diálogo

Follow along on page 109 of your textbook.

III. Vocabulario

You will hear a statement that contains one incorrect word. Choose the correct word from the list provided. Then you will hear the confirmation.

Modelo: *You hear:* El señor Rodríguez come periódicos.
You see: aprende, vende, bebe
You say: El señor Rodríguez vende periódicos.
You hear the confirmation: El señor Rodríguez vende periódicos.

1. aprenden, leen, comen
2. comprende, bebe, vende
3. un periódico, un libro, una revista
4. una novela de misterio, una revista, un periódico
5. aprender, comprender, beber

IV. Verbos que terminan en -er

A. Comer *is a regular* -er *verb. Say the conjugation of* comer *after the speaker.*

yo como
tú comes
Ud. come
él come

nosotros comemos
vosotros coméis
Uds. comen
ellos comen

B. *Replace the words in italics with the new subject given.*

Modelo: *You see: Tomás y Pedro* beben leche.
You hear: él
You say: Él bebe leche.
You hear the confirmation: Él bebe leche.

1. Raquel y Belinda comen tortillas.
2. Daniel come pizza.
3. Ustedes comprenden español.
4. Yo leo novelas de misterio.
5. Ellas creen en Dios.
6. Tú vendes periódicos.

C. *The Santana family is very busy. You will hear the names of some of the family members. You are to make a statement about what they are doing right now.*

Modelo: *You see:* vender periódicos
You hear: Andrés
You say: Andrés está vendiendo periódicos.
You hear the confirmation: Andrés está vendiendo periódicos.

1. leer revistas
2. vender la casa
3. aprender francés
4. comer un helado
5. leer novelas de misterio

V. Hace + tiempo + que

Answer the questions according to the cues provided.

Modelo: *You hear:* ¿Cuánto tiempo hace que estudias español?
           You see: tres meses
           You say: Hace tres meses que estudio español.
           You hear the confirmation: Hace tres meses que estudio español.

1. dos semanas

2. dos días

3. cinco años

4. diez años

5. poco tiempo

6. dos años

VI. Pronunciación

Follow along on page 115 of your textbook.

VII. Dictado

Escuche y escriba.

1. _____

_____

2. _____

_____

3. _____

_____

4. _____

_____

5. _____

_____

Oral CD

Lección 15 ▲▲▲

I. Versículo

Lucas 2:14 ¡Gloria a Dios en las alturas, y en la tierra paz, buena voluntad para con los hombres!

II. Diálogo

Follow along on page 117 of your textbook.

III. Vocabulario

A. *Listen to the speaker; then underline the word that best represents the description she gives.*

1. la Navidad, el pesebre, Jesús

2. la tarjeta, la estrella, el pesebre

3. los ángeles, los pastores, los reyes magos

4. el regalo, el árbol de Navidad, el pesebre

5. los ángeles, las tarjetas, los reyes magos

B. *Write the number of the statement that you hear beside the appropriate picture.*

IV. Los verbos -ir

A. Vivir *is a regular* -ir *verb. Repeat the conjugation of* vivir *after the speaker.*

yo vivo	nosotros vivimos
tú vives	vosotros vivís
Ud. vive	Uds. viven
él vive	ellos viven

B. *Listen for the speaker to tell you the subject of each sentence; then repeat the sentence with the appropriate form of the verb provided for you in your manual.*

Modelo: *You see:* (escribir) un libro
     You hear: yo
     You say: Escribo un libro.
     You hear the confirmation: Escribo un libro.

1. (vivir) en Bogotá, Colombia
2. (asistir) a la iglesia los domingos
3. (abrir) las ventanas de la casa
4. (escribir) poemas para el periódico
5. (subir) al autobús para ir al centro
6. (no permitir) animales en la oficina

V. El verbo *venir*

A. *Say the conjugation of* venir *after the speaker.*

yo vengo	nosotros venimos
tú vienes	vosotros venís
Ud. viene	Uds. vienen
él viene	ellos vienen

B. *Tell where each person is coming from, according to the cues given by the speaker.*

Modelo: *You see:* los señores Fernández
     You hear: de la iglesia
     You say: Los señores Fernández vienen de la iglesia.
     You hear the confirmation: Los señores Fernández vienen de la iglesia.

1. yo
2. Rafael y María
3. ustedes
4. tú
5. Pedro y yo
6. él
7. los reyes magos
8. nosotros

VI. Los pronombres *lo, la, los, las*

A. *Listen carefully to each sentence; then name the direct object in the sentence.*

Modelo: *You see and hear:* La señorita lee una carta.
     You say: una carta
     You hear the confirmation: una carta

1. Roberto tiene un carro.
2. Marisol abre su libro.
3. Mi hermano toca la guitarra muy bien.
4. Mi padre no escribe cartas.
5. Los estudiantes toman un examen.
6. Los niños abren los regalos.
7. El estudiante busca su libro.
8. Yo invito a Rosa a la fiesta.

B. Replace the direct object in each sentence with the correct direct object pronoun.

Modelo: *You hear:* La señorita lee una carta.
    You say: La señorita la lee.
    You hear the confirmation: La señorita la lee.

C. The speaker will give the direct objects for the following sentences. Complete the sentences by writing the correct object pronouns in the blanks.

Modelo: *You see:* Los estudiantes _____ leen.
    You hear: los libros
    You write: los

1. Miguel _____ invita a la fiesta.

2. Ana _____ escucha con su amiga Rosa.

3. Víctor y Tomás _____ tocan en sus guitarras.

4. Víctor _____ toca muy bien.

5. Papá _____ lee después de la cena.

6. Ramón siempre _____ llama los sábados.

7. Está en el carro rojo. Yo _____ veo.

8. No está con Rafael. Marisol _____ está buscando en la cafetería.

9. Viven cerca. _____ espero a las ocho.

10. Jorge _____ va a escribir esta noche.

VII. Los pronombres con el infinitivo y el progresivo

A. Answer each question affirmatively. Place the object pronoun before the verb.

Modelo: *You hear:* ¿Estás estudiando el español?
    You answer: Sí, *lo* estoy estudiando.
    You hear the confirmation: Sí, lo estoy estudiando.

B. You will hear the questions again. This time answer by attaching the object pronoun to the infinitive or present participle.

Modelo: *You hear:* ¿Estás estudiando el español?
    You answer: Sí, estoy estudiándo*lo*.
    You hear the confirmation: Sí, estoy estudiándolo.

VIII. Pronunciación

El sonido de la consonante *d*

The letter *d* (*de*) is pronounced in two ways in Spanish. Let's review.

1. When it occurs at the beginning of a sentence or phrase or after *l* or *n*, the *d* is pronounced like the English *d* in "dough." (Make sure that your tongue touches the back of your upper front teeth.)

Practique las palabras:

día	molde
dientes	caldo
débiles	banda

Practique las frases: El día es lindo.

El decano le da un diploma al director aldeano.

2. When it occurs between vowels or after any other consonants, the letter *d* is pronounced like the *th* in "though." (Make sure your tongue touches rapidly and very lightly against the lower edge of your front teeth without completely blocking the stream of air.)

Practique las palabras:

Estados Unidos	vida
Madrid	verdad

Practique las frases: Soy de Madrid. Pero es verdad que vivo en los Estados Unidos.

Adela tiene dos dientes débiles.

IX. Dictado

Escuche y escriba.

1. _____

   _____

2. _____

   _____

3. _____

   _____

4. _____

   _____

5. _____

   _____

Capítulo Siete

Lección 16 ▲▲

I. Versículo

Lucas 23:34 Padre, perdónalos, porque no saben lo que hacen.

II. Diálogo

Follow along on page 127 of your textbook.

III. Vocabulario

A. *Say the months of the year after the speaker.*

enero	julio
febrero	agosto
marzo	septiembre
abril	octubre
mayo	noviembre
junio	diciembre

B. *Say the four seasons after the speaker. She will begin with* **winter.**

el invierno	el verano
la primavera	el otoño

C. *Listen as the speaker tells you her favorite season and asks you a question.*

Mi estación favorita es la primavera. ¿Cuál es tu estación favorita?

Mi estación favorita es . . .

D. *List the three months that belong to the season you hear. You will then hear the correct answer.*

E. *Circle the letter of the sentence that goes best with the statement you hear.*

Modelo: *You hear*: Juan está en su casa. Tiene ganas de ir de compras, pero está nevando.
   You see: a. Hace frío.   b. Hace calor.   c. Hace buen tiempo.
   You circle a *and say:* Hace frío.

1. a. Hace frío.
   b. Hace calor.
   c. Hace fresco.

2. a. Está haciendo la cama.
   b. Está haciendo la maleta.
   c. Está haciendo las tareas.

3. a. Van a hacer la cama.
   b. Van a hacer las tareas.
   c. Van a hacer un viaje.

4. a. Tengo sed.
   b. Tengo sueño.
   c. Tengo frío.

5. a. Tengo sed.
   b. Tengo sueño.
   c. Tengo frío.

6. a. Tiene sed.
   b. Tiene sueño.
   c. Tiene hambre.

IV. El verbo *hacer*

A. Repeat the conjugation of hacer *after the speaker.*

yo hago	nosotros hacemos
tú haces	vosotros hacéis
Ud. hace	Uds. hacen
él hace	ellos hacen

B. Complete the sentences with the form of the verb you hear.

1. Yo _____ mis tareas por la noche.

2. Mi profesor _____ un viaje a España.

3. La señora Carmen _____ su maleta ahora.

4. Mi hermano y yo _____ muchos planes.

5. ¿Por qué tú no _____ nada?

6. Roberto y Pedro _____ todo el trabajo.

V. Ir + a + infinitivo

A. Change the following sentences from the present to the near future.

Modelo: *You hear:* Yo como en la cafetería.
        You say: Yo voy a comer en la cafetería.
        You hear the confirmation: Yo voy a comer en la cafetería.

B. Answer the questions you hear by using the cues provided.

Modelo: *You hear:* ¿Cuándo haces el viaje?
        You see: en mayo
        You say: Voy a hacer el viaje en mayo.
        You hear the confirmation: Voy a hacer el viaje en mayo.

1. en la primavera   4. en el otoño

2. esta noche   5. aquí en agosto

3. después de Rita

VI. El verbo *decir*

A. Repeat the conjugation of decir *after the speaker.*

yo digo	nosotros decimos
tú dices	vosotros decís
Ud. dice	Uds. dicen
él dice	ellos dicen

B. Report what each person named says. Follow the model.

Modelo: *You see:* "No hay tarea para mañana".
        You hear: el profesor de español
        You say: El profesor de español dice que no hay tarea para mañana.
        You hear the confirmation: El profesor de español dice que no hay tarea para
        mañana.

1. "Las chicas de nuestra clase son bonitas".   3. "La clase de español es bastante difícil".

2. "Los chicos de nuestra clase son interesantes".   4. "Los objetos directos no son nada fáciles".

5. "Los objetos indirectos son muy fáciles".

6. "España es un país grande".

7. "Madrid es una ciudad cosmopolita".

8. "Vamos a viajar a Madrid el año próximo".

VII. Pronunciación

Follow along on page 133 of your textbook.

VIII. Dictado

Escuche y escriba.

1. _____

_____

2. _____

_____

3. _____

_____

4. _____

_____

5. _____

_____

IX. Comprensión

Listen to the weather report (el informe del tiempo) *and the forecast* (el pronóstico del tiempo). *Then complete the true-false section.*

- ¿Verdadero o falso?

1. Hace mucho calor hoy.   **v**   **f**

2. Hace sol hoy.   **v**   **f**

3. La temperatura es de 25 grados.   **v**   **f**

4. Mañana la temperatura va a ser de 25 grados también.   **v**   **f**

5. Mañana vamos a necesitar nuestros paraguas.   **v**   **f**

Lección 17 ▲▲

I. Versículo

Josué 1:9 Mira que te mando que te esfuerces y seas valiente; no temas ni desmayes, porque Jehová tu Dios estará contigo en dondequiera que vayas.

II. Diálogo

Follow along on pages 134-35 of your textbook.

III. Repaso de los pronombres del objeto directo en la tercera persona

Replace the direct object noun in each sentence with its corresponding direct object pronoun.

Modelo: *You hear:* El profesor ayuda a los estudiantes.
You say: El profesor los ayuda.
You hear the confirmation: El profesor los ayuda.

IV. Los pronombres *le, les*

A. *Miguel is a very generous person. He lends many of his things to his friends. Below you see the list of things he lends. Listen carefully as the speaker tells you to whom he lends each thing. Then make a statement.*

Modelo: *You see:* el libro de español
You hear: a Rafael
You say: Miguel le presta el libro de español a Rafael.
You hear the confirmation: Miguel le presta el libro de español a Rafael.

1. el microscopio
2. los discos
3. la cámara

4. los zapatos negros
5. el cuaderno

B. *Supply the correct indirect object pronoun.*

Modelo: *You see:* Yo _____ doy la tarea.
You hear: a la maestra
You say: Yo ___*le*___ doy la tarea a la maestra.
You hear the confirmation: Yo le doy la tarea a la maestra.

1. _____ escribo una carta.
2. _____ presto mi Biblia.
3. _____ compro un refresco.

4. _____ doy un regalo.
5. _____ envío flores.
6. _____ doy los libros.

V. Los pronombres *me, te, nos*

A. *Change the direct object pronouns according to the cues provided after each sentence is read.*

Modelo: *You see and hear:* Martín me va a llamar. (a ti)
You say: Martín te va a llamar.
You hear the confirmation: Martín te va a llamar.

1. El Sr. López los va a llamar.
2. La doctora Blanco la va a llamar.
3. Santiago te va a llamar.

4. La señorita Robles las va a llamar.
5. El reverendo García lo va a llamar.

B. *Below are listed some activities and the name of the person who does each one. Listen as the speaker tells you for whom (or to whom) the activities are done. Then make a complete statement using the indirect object pronoun. Finally, you will hear the confirmation.*

Modelo: *You see:* Marcos / comprar un regalo
     You hear: a mí
     You say: Marcos me compra un regalo.
     You hear the confirmation: Marcos me compra un regalo.

1. el director / prestar su cámara

2. tu padre / comprar el carro

3. los chicos / escribir cartas

4. mi novio / dar un perfume

5. tu amigo / enviar una camisa de México

6. el profesor / decir que vamos a tener un examen mañana

C. *Answer the questions according to the cues provided. Change the verb tense from the present to the near future. Remember to replace the direct object noun with its corresponding pronoun.*

Modelo: *You hear:* ¿Escribes la composición hoy?
     You see: mañana
     You say: No, la voy a escribir mañana.
     You hear the confirmation: No, la voy a escribir mañana.

1. a la una

2. el jueves próximo

3. el domingo

4. esta tarde

5. mañana

D. *Change the following sentences from the present to the near future. This time, place the indirect object pronoun at the end of the infinitive.*

Modelo: *You hear:* Te doy un regalo.
     You say: Voy a darte un regalo.
     You hear the confirmation: Voy a darte un regalo.

VI. Pronunciación

Follow along on page 141 of your textbook.

VII. Dictado

Escuche y escriba.

1. _____

2. _____

3. _____

4. _____

5. _____

Lección 18 ▲▲▲▲▲▲▲▲▲▲▲▲▲▲▲▲▲▲▲▲▲▲▲▲▲▲▲▲▲▲▲▲▲▲▲▲▲▲▲

I. Versículo

Romanos 8:28 Y sabemos que a los que aman a Dios, todas las cosas les ayudan a bien.

II. Lectura

Follow along on page 143 of your textbook.

III. Vocabulario

Listen to each sentence and then write its number beside the corresponding picture.

Modelo: *You hear:* David juega con el equipo
de voleibol.
You mark the picture as shown.

modelo

Oral CD

IV. El verbo *gustar*

Below are listed some people who like certain things. After you hear the speaker tell you what each one likes, make a complete statement about it. Then you will hear the confirmation.

Modelo: *You see:* a nosotros
     You hear: los tacos
     You say: Nos gustan los tacos.
     You hear the confirmation: Nos gustan los tacos.

1. a ellos
2. a ella
3. a mí
4. a ellas

5. a ti
6. a Uds.
7. a nosotros
8. a él

V. El verbo *jugar*

A. *Repeat the conjugation of the verb* jugar *after you hear it on the tape.*

yo juego	nosotros jugamos
tú juegas	vosotros jugáis
Ud. juega	Uds. juegan
él juega	ellos juegan

B. *Everyone in the Méndez family loves sports. Many of them are active players. Listen as the speaker tells you what each one plays, then say the complete sentence.*

Modelo: *You see:* Tomás
     You hear: fútbol
     You say: Tomás juega al fútbol.
     You hear the confirmation: Tomás juega al fútbol.

1. Ana María
2. los tíos Ramón y Pablo

3. el Sr. Méndez y su hermano
4. mamá y yo

VI. El verbo *tocar*

The Méndez family is also musical. Again you will see some of their names, and the speaker will tell you which instruments they play. You will then make a complete statement about each person.

Modelo: *You see:* Tomás
     You hear: el piano
     You say: Tomás toca el piano.
     You hear the confirmation: Tomás toca el piano.

1. Ana María
2. los tíos Ramón y Pablo

3. el Sr. Méndez y su hermano
4. mamá y yo

VII. El verbo *saber*

A. *Repeat the conjugation of* saber *after the speaker.*

yo sé	nosotros sabemos
tú sabes	vosotros sabéis
Ud. sabe	Uds. saben
él sabe	ellos saben

B. *Below are the names of some students who are good at either sports or music. After the speaker tells you in what they excel, make a complete statement about each one. Use the correct form of the verb* saber *and the infinitive of* tocar *or* jugar.

Modelo: *You see:* Rafael
You hear: el baloncesto
You say: Rafael sabe jugar al baloncesto.
You hear the confirmation: Rafael sabe jugar al baloncesto.

1. Tomás
2. Pedro
3. Marcos y Felipe
4. tú

5. nosotros
6. yo
7. Samuel y yo
8. usted

VIII. Pronunciación

Follow along on page 149 of your textbook.

IX. Dictado

Escuche y escriba.

1. _____
_____

2. _____
_____

3. _____
_____

4. _____
_____

5. _____
_____

Capítulo Ocho

Lección 19 ▲▲

I. Versículo

I Samuel 15:22b Ciertamente el obedecer es mejor que los sacrificios, y el prestar atención que la grosura de los carneros.

II. Diálogo

Follow along on page 152 of your textbook.

III. Vocabulario

Write the number of the statement you hear beside the appropriate illustration.

IV. Los verbos *salir, poner*

A. *Say the conjugation of* salir *after the speaker.*

yo salgo	nosotros salimos
tú sales	vosotros salís
Ud. sale	Uds. salen
él sale	ellos salen

B. *Complete the sentences below with the correct form of* salir.

Modelo: *You see:* El señor Martínez _____ para la oficina a las siete.

You say: El señor Martínez _____*sale*_____ para la oficina a las siete.

You hear the confirmation: El señor Martínez sale para la oficina a las siete.

1. Paco y Anita _____ para la escuela a las ocho.

2. Rosa _____ para el trabajo a las ocho y cuarto.

3. Yo _____ para la universidad a las siete y media.

4. Paco y yo _____ a las cuatro de la tarde para jugar al tenis.

5. Nuestra familia _____ para la iglesia los domingos a las nueve y me-

    dia de la mañana.

C. ***When members of the Robles family come into the house, they put their things in many unusual places. The speaker will tell you where they put their articles. Use the information provided to make a complete statement.***

Modelo: *You see:* Juan / libros
   You hear: debajo de la cama
   You say: Juan pone sus libros debajo de la cama.
   You hear the confirmation: Juan pone sus libros
    debajo de la cama.

1. Ana María / zapatos

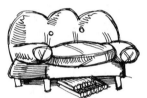

2. los niños / cuadernos

3. yo, el señor Robles / portafolio

4. la señora Robles y yo / suéteres

5. Juan y Ana María / raquetas de tenis

V. Los verbos *traer, oír*

A. *Say the conjugation of* traer *after the speaker.*

yo traigo   nosotros traemos
tú traes   vosotros traéis
Ud. trae   Uds. traen
él trae   ellos traen

B. *Replace the words in italics with the noun or pronoun you hear. Make any other necessary changes in the sentences.*

Modelo: *You see: El pastor* trae su himnario a la iglesia.
         You hear: yo
         You say: Yo traigo mi himnario a la iglesia.
         You hear the confirmation: Yo traigo mi himnario a la iglesia.

1. *Ella* trae su lápiz, cuaderno y libro de español a la clase.

2. *María* trae a su amiga de Colombia a la clase.

3. *Uds.* oyen a la profesora.

4. *Rafael* oye el programa en español.

5. *Yo* traigo el dinero en mi cartera.

6. En la iglesia *tú* oyes himnos bonitos.

C. *Answer the following questions about yourself.*

VI. Los verbos *conocer, obedecer*

A. *Repeat the conjugation of the verb* conocer *after you hear it on the tape.*

yo conozco   nosotros conocemos
tú conoces   vosotros conocéis
Ud. conoce   Uds. conocen
él conoce   ellos conocen

B. *Our speaker thinks he knows a lot about you! Listen to each of his statements and then confirm or deny each one using the direct object pronoun.*

Modelo: *You hear:* Conoces bien a tu pastor.
         You say: Sí, lo conozco bien. *or* No, no lo conozco bien.

VII. Pronunciación

Follow along on page 158 of your textbook.

VIII. Dictado

Escuche y escriba.

1. _____

    _____

2. _____

3. _____

4. _____

5. _____

    _____

Lección 20 ▲▲▲

I. Versículo

I Juan 5:14 Si pedimos alguna cosa conforme a su voluntad, él nos oye.

II. Diálogo

Follow along on pages 159-60 of your textbook.

III. Vocabulario

Rosita and her brother have just come home from a shopping spree. They took off all the price tags, but now their father wants to know how much they paid for each article. As Rosita gives the prices, fill in the blank price tags.

Modelo: *You hear:* el suéter, veinte dólares
You mark the picture as shown.

IV. Repaso de verbos irregulares en la primera persona

Sometimes the speaker doesn't know all the details. Listen to his questions and then tell him that it is not you, but the person named in each case who does what he says.

Modelo: *You hear:* ¿Tú haces el pastel para el cumpleaños de Pedro?
You see: María
You say: No, yo no lo hago. María lo hace.
You hear the confirmation: No, yo no lo hago. María lo hace.

1. Ramón
2. Alberto
3. mi hermano
4. Felipe

5. Sara
6. mis padres
7. mis abuelos

Oral CD

V. Verbos con cambios e→ie

A. Say the conjugation of pensar after the speaker.

yo pienso	nosotros pensamos
tú piensas	vosotros pensáis
Ud. piensa	Uds. piensan
él piensa	ellos piensan

B. Replace the words in italics with the pronoun you hear after the sentence is read.

Modelo: *You see and hear: Marcos* piensa que el español es fácil. (yo)
 You say: Yo pienso que el español es fácil.
 You hear the confirmation: Yo pienso que el español es fácil.

1. *El presidente* siente lástima por los pobres.

2. *Entiendo* todo el vocabulario nuevo.

3. *Rafael* quiere zapatos negros.

4. *El señor* pierde tiempo cuando empieza tarde.

5. *Ella* prefiere faldas azules.

VI. Verbos con cambios o →ue

A. Say the conjugation of poder after the speaker.

yo puedo	nosotros podemos
tú puedes	vosotros podéis
Ud. puede	Uds. pueden
él puede	ellos pueden

B. The verb poder often combines with an infinitive to ask for permission. Ask the speaker for permission to do the following things. Follow the model.

Modelo: *You see:* mamá / usar el paraguas
 You say: ¿Puede mamá usar el paraguas?
 You hear the confirmation: Sí, puede.

1. nosotros / jugar béisbol en el parque

2. yo / llamar a Dora por teléfono

3. ellos / lavar el carro

4. ella / usar el abrigo

5. yo / cerrar el manual de actividades

C. The following people tell us where or when they sleep. Use the cues provided to form complete sentences.

Modelo: *You see:* yo / en el autobús
 You say: Yo duermo en el autobús.
 You hear the confirmation: Yo duermo en el autobús.

1. Papá / delante del televisor

2. tú / durante los partidos de baloncesto

3. yo / después de comer mucho

4. Uds. / en el trabajo

5. nosotros / en el colegio

D. The following tourists are having trouble finding things. Use the correct form of encontrar and the subject you hear to form a question.

Modelo: *You see:* un diccionario inglés-español
 You hear: ella
 You say: ¿Dónde encuentra ella un diccionario inglés-español?
 You hear the confirmation: ¿Dónde encuentra ella un diccionario inglés-español?

1. un motel
2. un teléfono público
3. los buenos restaurantes
4. el estadio de fútbol
5. información turística

E. ***The present participle form of the verb is used with the conjugated verb estar to express that an action is in progress right now. In this exercise the speaker will make a statement in the present tense. Change the statement to indicate that the action is in progress right now.***

Modelo: *You hear:* El juego de béisbol empieza ahora.
            You say: El juego de béisbol está empezando ahora.
            You hear the confirmation: El juego de béisbol está empezando ahora.

VII. Pronunciación

Follow along on page 169 of your textbook.

VIII. Dictado

Escuche y escriba.

1. _____

_____

2. _____

_____

3. _____

_____

4. _____

_____

5. _____

_____

Lección 21 ▲▲

I. Versículo

Colosenses 4:5 Andad sabiamente para con los de afuera, redimiendo el tiempo.

II. Diálogo

Follow along on page 170 of your textbook.

III. Vocabulario

You are visiting the restaurant El buen comer. *A waitress will ask you what you wish to order. Refer to the menu items pictured to make your choice.*

Modelo: *You hear:* ¿Qué fruta desea pedir?
    You choose from the menu and say:
    Deseo peras, por favor.

1.

2.

3.

4.

IV. Verbos con cambios e→i

A. *Say the conjugation of* pedir *after the speaker.*

yo pido   nosotros pedimos
tú pides   vosotros pedís
Ud. pide   Uds. piden
él pide   ellos piden

B. *The Rodríguez family has invited you to eat with them at a restaurant. You are to report what each person is ordering. Refer to the picture cues.*

Modelo: *You hear:* Rosita
    You say: Rosita pide un bistec.
    You hear the confirmation: Rosita pide
      un bistec.

Capítulo Ocho   61

1.

2.

3.

4.

5.

C. *Complete each sentence with the correct form of the verb you hear.*

Modelo: *You see:* Ella le _____ la taza de café a su papá.
You hear: servir
You write and say: Ella le ___*sirve*___ la taza de café a su papá.
You hear the confirmation: Ella le sirve la taza de café a su papá.

1. Ud. siempre _____ lo que oye.

2. Nosotros _____ las palabras en español.

3. Yo siempre _____ pizza.

4. A las cinco y media, ellos _____ la comida.

5. Tú les _____ permiso a tus padres antes de salir.

6. Después de la cena, el mesero _____ el café.

7. No hay problema, porque ellas _____ conducir.

8. Nosotros _____ a todos los jóvenes en la iglesia.

V. Adverbios que terminan en -*mente*

You are given an adjective. Change it to an adverb and use it with the sentence you hear. Follow the model.

Modelo: *You see:* lento
You hear: La señorita habla.
You say: La señorita habla lentamente.
You hear the confirmation: La señorita habla lentamente.

1. rápido

2. alegre

3. loco

4. fácil

5. claro

6. cuidadoso

7. económico

8. sincero

VI. Pronunciación

El sonido de la consonante *v*

At the beginning of a word, after a pause, or after the consonants *n* or *l*, the letter *v* is pronounced like the *b* in "box."

In all other positions, the letter *v* is softer. It is pronounced without putting the lips together and without allowing the lower lip to touch the upper front teeth.

Practique las palabras:

verbo	viaje
ventana	lavar
verde	nave
selva	llueve
enviar	diversión

Practique las frases: Me divierto cuando voy de viaje.

Víctor se levanta varias veces a las nueve.

¡Viviana va volando al volante!

Vamos a visitar a Vicente en el invierno.

VII. Dictado

Escuche y escriba.

1. _____
   _____

2. _____
   _____

3. _____
   _____

4. _____
   _____

5. _____
   _____

 **Capítulo Nueve**

Lección 22 ▲▲▲

I. Versículo

Salmo 119:103 ¡Cuán dulces son a mi paladar tus palabras! Más que la miel a mi boca.

II. Diálogo

Follow along on page 180 of your textbook.

III. Vocabulario

As you hear each statement, write its number beside the picture it describes.

Modelo: *You hear:* Tiene los ojos grandes.
You mark the picture as shown.

 _____modelo_____

IV. Repaso de los adjetivos

In Spanish, adjectives must agree in number and gender with the nouns they describe. Make complete sentences using the cues provided. Pattern your sentences after the model.

Modelo: *You see:* bajo y rubio
You hear: mis hermanas

You say: Mis hermanas son bajas y rubias.
You hear the confirmation: Mis hermanas son bajas y rubias.

1. corto y fácil	5. castaño y rizado
2. intelectual	6. grande y negro
3. interesante y práctico	7. rojo, blanco y azul
4. pequeño y económico	8. guapo y fuerte

V. La forma comparativa (I)

Make comparisons according to the cues provided.

Modelo: *You see:* la química / difícil / historia
You hear: más que
You say: La química es más difícil que la historia.
You hear the confirmation: La química es más difícil que la historia.

1. el diccionario / caro / la calculadora	5. Santiago / simpático / Bruno
2. Maritza / bonito / Rebeca	6. los ojos de Pedro / azul / los ojos de Roberto
3. Simón / flaco / Rubén	
4. el pelo de Susana / largo / el pelo de Ana	7. Lidia / alto / Alberto
	8. los gatos / inteligente / los perros

VI. La forma comparativa (II)

A. Use the information given by the speaker plus the elements below to complete the comparison of quality. Use the correct form of mejor que / mejores que *or* peor que / peores que.

Modelo: *You hear:* Roberta es mala en ciencia, pero Susana es muy mala en ciencia.
You write and say: Susana es _____*peor que*_____ Roberta en ciencia.
You hear the confirmation: Susana es peor que Roberta en ciencia.

1. Tomás es _____ su hermano en los deportes.

2. Gloria y Melinda son _____ Delia en inglés.

3. Mamá es _____ papá en Piccionario.

4. Robertín y Gilberto son _____ Manolito en voleibol.

5. Mi nota en álgebra es _____ mi nota en biología.

B. Listen as the speaker begins to make a comparison. Complete the comparison with the most logical phrase or word.

Modelo: *You hear:* Serafín es bueno en geometría, pero Gabriel es . . .
You see: a. menor.   b. mejor.   c. mayor.
You choose b *and say*: mejor
You hear the confirmation: b. mejor.

1. a. mayor.		4. a. mayor.	
b. peores.		b. más grande.	
c. mejor.		c. mayores.	
2. a. menos.		5. a. menos.	
b. mejor.		b. mejor.	
c. mayor.		c. más pequeño.	
3. a. peor.		6. a. menores.	
b. menor.		b. mayor.	
c. más.		c. mejor.	

Oral CD

VII. La forma superlativa

A. Combine the elements provided in each exercise into superlative statements.

Modelo: *You see:* Rosa / chica / inteligente
            You say: Rosa es la chica más inteligente.
            You hear the confirmation: Rosa es la chica más inteligente.

1. La historia y la química / clases / difícil
2. Juan / jóven / guapo
3. Alaska y Texas / estados / grande
4. El español / clase / interesante

B. Make superlative statements based on the elements provided. Use the correct forms of mayor and menor.

Modelo: *You see:* Juan tiene 16 años, Sara tiene 15 y Pablo tiene 14 años.
            You hear: Juan
            You say: Juan es el mayor.
            You hear the confirmation: Juan es el mayor.

1. Felipe tiene 8 años, María Nieves tiene 12 y Débora tiene 15.
2. Mi mamá tiene 35 años, mi papá tiene 36 y mi tío tiene 39.
3. Pablo y Luis tienen 16 años, Rosa y Ana tienen 13 años.
4. Mis abuelos son viejos, pero mis hermanos son jóvenes.

C. Change the comparative adjective in each statement to its superlative form. Follow the model.

Modelo: *You hear:* Roberto, Eduardo, y Daniel son buenos en álgebra.
            You see: Javier
            You say: Pero Javier es el mejor en álgebra.

1. Mateo
2. tus hermanos
3. Carola
4. Esteban
5. Mercedes
6. tus primas
7. Luis y Marcos

VIII. Pronunciación

Follow along on page 186 of your textbook.

IX. Dictado

Escuche y escriba.

1. _____

   _____

2. _____

   _____

3. _____

   _____

4. _____

   _____

5. _____

   _____

Oral CD

Lección 23 ▲▲

I. Versículo

Mateo 5:3 Bienaventurados los pobres en espíritu, porque de ellos es el reino de los cielos.

II. Lectura

Follow along on page 188 of your textbook.

III. Vocabulario

As you hear each statement, write its number beside the picture it describes.

Modelo: *You hear:* Antes de ir a la escuela, Rafael se peina.
You mark the picture as shown.

modelo

IV. Los verbos reflexivos

A. *Say the conjugation of* lavarse *after the speaker.*

yo me lavo	nosotros nos lavamos
tú te lavas	vosotros os laváis
Ud. se lava	Uds. se lavan
él se lava	ellos se lavan

B. *For each of the incomplete sentences you see, you will be given a subject. Complete the sentences using the correct reflexive pronouns.*

Modelo: *You see:* (mirarse) en el espejo
You hear: yo
You say: Yo me miro en el espejo.
You hear the confirmation: Yo me miro en el espejo.

1. (cepillarse) los dientes tres veces al día
2. (bañarse) por la mañana
3. (despertarse) a las siete
4. (peinarse) antes de salir
5. (lavarse) el pelo todos los días
6. (ponerse) los zapatos nuevos para ir a la iglesia
7. (afeitarse) con Gillette

C. *Listen for the verb you should use to complete the following sentences. Be sure to use the reflexive form when necessary.*

Modelo: *You see:* La señora Márquez va a _____ por la mañana.
      You hear: bañar
      You write and say: La señora Márquez va a ___*bañarse*___ por la mañana.
      You hear the confirmation: La señora Márquez va a bañarse por la mañana.

1. María va a _____ las revistas en la mesa.

2. Ella quiere _____ antes de salir.

3. Pedro tiene que _____ el carro el sábado.

4. El dentista dice que es bueno _____ los dientes dos veces al día.

5. Mi hermano me va a _____ temprano mañana.

V. Adjetivos demostrativos

A. *The demonstrative adjectives* este, esta, estos, *and* estas *are used to modify nouns that are very near to or in the possession of the speaker. In the following exercise, fill in each blank with the noun you hear and the correct form of the demonstrative adjective.*

Modelo: *You see:* _____ está encima de mi libro.
      You hear: lápiz
      You write and say: ___*Este lápiz*___ está encima de mi libro.
      You hear the confirmation: Este lápiz está encima de mi libro.

1. _____ están en mi escritorio.

2. _____ están conmigo.

3. _____ que tengo es nueva.

4. _____ es para el examen.

B. *The demonstrative adjectives* ese, esa, esos, *and* esas *are used to modify nouns that are somewhat distant from the speaker, possibly near or in the possession of the person being spoken to. Fill in each blank with the noun you hear and the correct form of the demonstrative adjective. Continue on as before.*

1. _____ en la foto es mi prima.

2. _____ en la calle es de Juan.

3. _____ son de los chicos.

4. _____ que tienes son feas.

C. *The demonstrative adjectives* aquel, aquella, aquellos, *and* aquellas *are used to modify nouns that are a great distance from the speaker. Fill in each blank with the noun you hear and the correct form of the demonstrative adjective. Continue on as before.*

1. _____ en Santa Fe son excelentes.

2. _____ de Ecuador es mi tío.

3. _____ al lado de mi tío es su hija.

4. _____ franceses son famosos.

VI. Pronunciación

Follow along on page 197 of your textbook.

VII. Dictado

Escuche y escriba.

1. _____
   _____

2. _____
   _____

3. _____
   _____

4. _____
   _____

5. _____
   _____

Lección 24 ▲▲▲▲▲▲▲▲▲▲▲▲▲▲▲▲▲▲▲▲▲▲▲▲▲▲▲▲▲▲▲▲▲▲▲▲▲▲

I. Versículo

Mateo 16:24 Si alguno quiere venir en pos de mí, niéguese a sí mismo, y tome su cruz, y sígame.

II. Lectura

Follow along on page 198 of your textbook.

III. Vocabulario

The speaker will name certain parts of the body. Write the numbers in the appropriate spaces.

Modelo: *You hear:* la mano
You label the part of the body as shown.

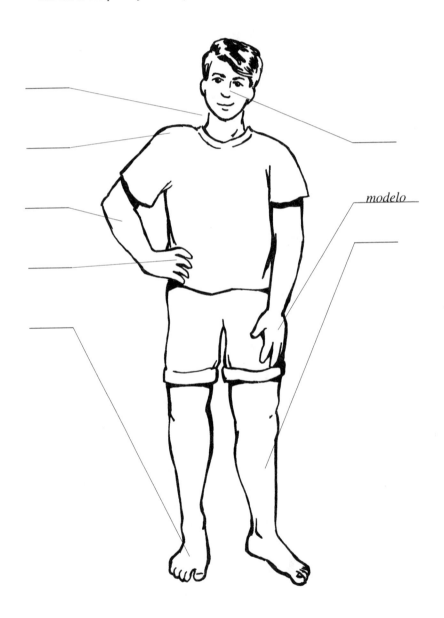

modelo

IV. Otros usos de los verbos reflexivos

A. Listen to each question and then choose the statement that would be the most logical answer.

Modelo: *You hear:* ¿A qué hora te levantas?
        You see: a. Tienes que levantarte temprano.
                    b. Me levanto a las siete.
                    c. Mi hermano se levanta a las seis.
        You choose b *and say:* Me levanto a las siete.

1. a. Mi amigo se duerme en la clase de español.

   b. Duermo ocho horas cada noche.

   c. No, no me duermo en la clase de español.

2. a. Se va a las ocho y media.

   b. Hace dos años que va al Colegio Bautista.

   c. Va con su papá en el carro.

3. a. Se llama Margarita Pérez.

   b. Llama a Rafael.

   c. Me llamo Rafael.

4. a. Me voy a poner flores.

   b. Voy a poner flores en la mesa.

   c. Voy a sacar las flores.

5. a. Me siento feliz.

   b. Se siente triste.

   c. Te sientes enfermo.

B. As you listen to each sentence, write its corresponding number below the picture it describes.

_____   _____   _____

_____   _____   _____   _____

V. Pronunciación

El sonido de la consonante *d*

When the letter *d* (*de*) begins a sentence or a phrase or follows *n* or *l,* it is pronounced like the *d* in "dough." When it follows any consonant except *n* or *l* or comes between vowels, either within a word or a phrase, it is pronounced like the *th* in "though."

Practique las palabras:

domingo	lavado
deportes	traducir
aldea	dedo
conducta	poder

Practique las frases: Adela no puede reducir las dos deudas.

¿De dónde en el mundo es el doctor débil?

VI. Dictado

Escuche y escriba.

1. _____

   _____

2. _____

   _____

3. _____

   _____

4. _____

   _____

5. _____

   _____

 **Capítulo Diez**

Lección 25 ▲▲

I. Versículo

Apocalipsis 1:5,6 Al que nos amó, y nos lavó de nuestros pecados con su sangre, a él sea gloria por los siglos de los siglos. Amén.

II. Diálogo

Follow along on pages 206-07 of your textbook.

III. Acabar de + infinitivo

Listen as the speaker presents a situation. Using the cues provided, explain the cause of the situation.

Modelo: *You hear:* Manuel no entiende inglés.
    You see: llegar de Colombia
    You say: Él acaba de llegar de Colombia.
    You hear the confirmation: Él acaba de llegar de Colombia.

1. gastarlo en el supermercado
2. correr cinco millas
3. comer en el Restaurante García
4. recibir una carta de su novia
5. recibir una *A* en su clase de español

IV. El pretérito: los verbos regulares -ar

A. *Repeat the conjugation of the verb* caminar *after the speaker.*

yo caminé
tú caminaste
Ud. caminó
él caminó

nosotros caminamos
vosotros caminasteis
Uds. caminaron
ellos caminaron

B. *Give the correct form of the verb* caminar *according to the subject provided. You will hear the confirmation.*

C. *Susana has made a list of the things she recently did. Repeat each sentence supplying the correct form of the verb Susana used as she told what she did.*

Modelo: *You see:* Yo _____ en el coro el domingo.
    You hear: cantar
    You say: Yo ___canté___ en el coro el domingo.
    You hear the confirmation: Yo canté en el coro el domingo.

1. Yo _____ a la biblioteca ayer.

2. Yo _____ con papá por teléfono.

3. Yo le _____ los platos a mamá.

4. Yo _____ el perro.

5. Yo _____ la lección de español.

D. *Jonatán wants to sound as diligent as his older sister. He claims he has done several things he really has not done. Correct him by using the appropriate form of the verb you hear in each sentence.*

Modelo: *You hear:* Yo llamé a papá por teléfono.
You say: No, tú no llamaste a papá por teléfono.
You hear the confirmation: No, tú no llamaste a papá por teléfono.

V. El pretérito: verbos que terminan en -car, -gar, -zar

A. *Using the cues provided, tell when the following people arrived or when the activities began.*

Modelo: *You see:* llegar (5:00)
You hear: Marcos y Tomás
You say: Marcos y Tomás llegaron a las cinco.
You hear the confirmation: Marcos y Tomás llegaron a las cinco.

1. llegar (6:00)
2. llegar (7:00)
3. empezar (8:00)

4. empezar (8:30)
5. tocar la trompeta (9:00)

B. *Answer each question affirmatively by writing the correct form of the verb in the space provided.*

Modelo: *You hear:* ¿Tocaste el piano por una hora?
You write toqué *and say:* Sí, _____toqué_____ el piano por una hora.
You hear the confirmation: Sí, toqué el piano por una hora.

1. Sí, _____ a casa a las cuatro de la tarde.

2. Sí, _____ las tareas a las cinco.

3. Sí, _____ con mi hermano menor después de la cena.

4. Sí, _____ unas fotos con mi cámara nueva.

5. Sí, _____ la guitarra antes de acostarme.

C. *The statements you will hear are in the present tense. Repeat each statement you hear by writing the correct preterite form of the verb in the space provided.*

Modelo: *You hear:* Pago la cuenta.
You write and say: _____Pagué_____ la cuenta.
You hear the confirmation: Pagué la cuenta.

1. _____ una propina para el camarero.

2. _____ la guitarra para la sociedad de jóvenes.

3. _____ al Monopolio con Enrique.

4. Maribel y Rosita _____ una *B* en el examen.

5. Yo _____ una *A* en la clase de inglés.

6. El Sr. Mendoza nos _____ a hablar español.

7. _____ mucho el versículo.

VI. Pronunciación

Follow along on page 214 of your textbook.

VII. Dictado

Escuche y escriba.

1. _____
   _____

2. _____
   _____

3. _____
   _____

4. _____
   _____

5. _____
   _____

Lección 26 ▲▲▲▲▲▲▲▲▲▲▲▲▲▲▲▲▲▲▲▲▲▲▲▲▲▲▲▲▲▲▲▲▲▲▲▲▲▲▲

I. Versículo

Juan 20:21 Entonces Jesús les dijo otra vez: Paz a vosotros. Como me envió el Padre, así también yo os envío.

II. Lectura

Follow along on page 216 of your textbook.

III. Vocabulario

*You will hear the speaker give a description. Circle **a, b,** or **c,** before the word that represents what he describes.*

Modelo: *You hear:* Es un edificio donde llegan muchas cartas.
    You see: a. el buzón b. el paquete c. el correo
    You circle c *and say*: el correo.

1. a. el cartero
   b. el buzón
   c. el paquete

2. a en el cartero
   b. en el sobre
   c. en el paquete

3. a. el sello
   b. el correo
   c. la dirección

4. a. la tarjeta postal
   b. la dirección
   c. la estampilla

5. a. el teléfono
   b. el correo
   c. la tarjeta postal

6. a. marcar
   b. colgar
   c. sonar

IV. El pretérito: los verbos regulares -er, -ir

A. *Say the conjugation of the verb* correr *after the speaker.*

yo corrí	nosotros corrimos
tú corriste	vosotros corristeis
Ud. corrió	Uds. corrieron
él corrió	ellos corrieron

B. *Give the correct preterite form of the verb* correr.

C. *Your little sister has some confessions to make about things she has done. Repeat each sentence supplying the form of the verb your sister would use in her confessions. Listen to the model.*

Modelo: *You see:* Yo _____ las llaves del carro.
    You hear: perder
    You write and say: Yo _____*perdí*_____ las llaves del carro.
    You hear the confirmation: Yo perdí las llaves del carro.

1. Yo _____ tu diario personal.

2. Yo _____ tu torta de chocolate.

3. Yo _____ tu cámara nueva.

4. Yo _____ tu radio.

5. Yo _____ la carta de tu novia.

6. Yo _____ tu último refresco.

D. *You will hear the same confessions once more. This time, express shock and disbelief over your sister's confessions. Follow the model.*

Modelo: *You hear:* Yo perdí las llaves del carro.
You say: ¡Ay, no! ¡No perdiste las llaves del carro!
You hear the confirmation: ¡Ay, no! ¡No perdiste las llaves del carro!
You write the verb in the space provided.

1. _____
2. _____
3. _____
4. _____
5. _____
6. _____

E. *Change the statement you hear to the preterite tense.*

Modelo: *You hear:* Rafael vive en Venezuela.
You say: Rafael vivió en Venezuela.
You hear the confirmation: Rafael vivió en Venezuela.

F. *Answer each question according to the cues provided. Replace any direct object nouns with the corresponding direct object pronouns.*

Modelo: *You hear:* ¿Quién perdió mi reloj?
You see: Manolito (perder)
You answer: Manolito lo perdió.
You hear the confirmation: Manolito lo perdió.

1. nosotros (asistir)
2. yo (comer)
3. tú (romper)
4. nadie (abrir)
5. Uds. (nacer)
6. nuestros abuelos (vivir)

V. Pronombres demostrativos

A. *Answer each question according to the model.*

Modelo: *You hear:* ¿Buscas estos papeles?
You answer: No, no busco éstos, busco ésos.
You hear the confirmation: No, no busco éstos, busco ésos.

B. *Answer each question according to the model.*

Modelo: *You hear:* ¿Usas esos zapatos?
You say: No, no uso ésos, uso aquéllos.
You hear the confirmation: No, no uso ésos, uso aquéllos.

VI. Pronunciación

Follow along on page 222 of your textbook.

VII. Dictado

Escuche y escriba.

1. _____

_____

2. _____

_____

3. _____

_____

4. _____

_____

5. _____

_____

Oral CD

Lección 27 ▲▲

I. Versículo

Romanos 4:3 Creyó Abraham a Dios, y le fue contado por justicia.

II. Lectura

Follow along on page 224 of your textbook.

III. El pretérito de *ir* y *ser*

A. *Repeat the forms of the verbs* ser *and* ir *in the preterite.*

yo fui	nosotros fuimos
tú fuiste	vosotros fuisteis
Ud. fue	Uds. fueron
él fue	ellos fueron

B. *Give the correct preterite form of the verbs* ser *and* ir *according to the subject you hear.*

C. *Listen to the sentences and decide whether the verb used is a form of* ser *or* ir *in the preterite. Follow the model.*

Modelo: *You hear:* José fue a Ecuador.
You say: ir
You hear the confirmation: ir

D. *Answer the following questions using the elements provided.*

Modelo: *You hear:* ¿Cuándo fuiste al banco?
You see: el lunes
You answer: Fui el lunes.
You hear the confirmation: Fui el lunes.

1. el verano pasado
2. en abril
3. el domingo
4. a las nueve

E. *Last year the students of la Sra. Pascual's class went to many parts of Latin America. You have listed for you the places they went. La Sra. Pascual will tell you who traveled. Make a statement that tells who traveled where.*

Modelo: *You hear:* Marcos
You see: Bogotá, Colombia
You say: Marcos fue a Bogotá, Colombia.
You hear the confirmation: Marcos fue a Bogotá, Colombia.

1. Lima, Perú
2. Santiago, Chile
3. La Paz, Bolivia
4. Caracas, Venezuela
5. Santo Domingo, República Dominicana

IV. El pretérito de *dar* y *ver*

A. *Repeat the preterite forms of the verb* dar.

yo di	nosotros dimos
tú diste	vosotros disteis
Ud. dio	Uds. dieron
él dio	ellos dieron

B. *Give the correct preterite form of the verb* dar *according to the subjects you hear.*

C. *Irene has arrived late at Beto's birthday party. Since all of the gifts are now unwrapped, she cannot tell who gave which gifts. Answer her questions using the correct form of* dar *and the cues provided.*

Modelo: *You hear:* ¿Qué le dio María?
         You see: la cartera
         You say: María le dio la cartera.
         You hear the confirmation: María le dio la cartera.

1. el disco compacto
2. la Biblia
3. el guante de béisbol
4. la guitarra
5. la novela de misterio

D. *Jaime and Daniel took the children in their Bible club to the zoo. Paquito, one of the little boys, is reporting who in the group saw which animals. Using the correct form of* ver *and the elements provided, tell what Paquito said.*

Modelo: *You see and hear:* yo / el elefante
         You say: Yo vi el elefante.
         You hear the confirmation: Yo vi el elefante.

1. tú / los tigres
2. Juanito y yo / los leones
3. Ud. / las jirafas
4. Héctor / las zebras
5. Gloria y Teresa / el chimpancé
6. Yo / los camellos

E. *Supply the correct preterite form of the verb you hear; then read the sentence aloud.*

Modelo: *You see:* Los estudiantes _____ la frase muchas veces.
         You hear: leer
         You write and say: Los estudiantes ___*leyeron*___ la frase muchas veces.
         You hear the confirmation: Los estudiantes leyeron la frase muchas veces.

1. La niña corrió cuando _____ el camión.

2. Mi amiga _____ de la bicicleta en el accidente.

3. ¿_____ tú el programa de radio?

4. Jonatán y Luis _____ de Cristo en el club bíblico.

5. ¿No _____ Uds. mi excusa?

6. El año pasado yo _____ todo el Nuevo Testamento.

7. Nosotros _____ la noticia ayer.

8. Yo no _____ tu versión de la historia.

V. Pronunciación

Follow along on page 230 of your textbook.

VI. Diálogo

Follow along on page 229 of your textbook.

Capítulo Once

Lección 28 ▲▲▲

I. Versículo

I Corintios 15:3b Cristo murió por nuestros pecados, conforme a las Escrituras.

II. Diálogo

Follow along on page 232 of your textbook.

III. Repaso: las formas regulares del pretérito

A. *Answer each question using the correct form of the preterite and the elements provided.*

Modelo: *You hear:* ¿A qué hora volvió Ud. a casa?
        You see: a las ocho
        You say: Yo volví a las ocho.
        You hear the confirmation: Yo volví a las ocho.

1. en Belén
2. libros y papel
3. en el Grillo Bizco
4. Samuel
5. una *B*

B. *Repeat each sentence you hear, changing the verb to the preterite. Write the correct form of the preterite in the space provided.*

Modelo: *You see:* No _____ la corbata azul.
        You hear: No encuentro la corbata azul.
        You write encontré *and say:* No ___*encontré*___ la corbata azul.
        You hear the confirmation: No encontré la corbata azul.

1. ¿Qué _____ de mi camisa nueva?
2. No _____ nada.
3. Uds. _____ muy bien esa canción.
4. No _____ el partido de baloncesto.
5. _____ a las dos de la tarde.
6. Mi maestra me _____ un versículo.
7. Te _____ con la tarea a las cinco.
8. Los Otero _____ el sermón con interés.
9. Mi equipo de béisbol _____ bien esta mañana.
10. No _____ a tu papá.

IV. El pretérito de los verbos -ir con cambios de raíz

A. *Say the conjugation of the verb* pedir *after the speaker.*

yo pedí	nosotros pedimos
tú pediste	vosotros pedisteis
Ud. pidió	Uds. pidieron
él pidió	ellos pidieron

B. *Give the correct preterite form of the verb* pedir *according to each subject you hear.*

C. *Say the conjugation of the verb* preferir *after the speaker.*

yo preferí	nosotros preferimos
tú preferiste	vosotros preferisteis
Ud. prefirió	Uds. prefirieron
él prefirió	ellos prefirieron

D. *Give the correct preterite form of the verb* preferir *according to each subject you hear.*

E. *Ramón needs help to complete his sentences. He doesn't know how to put his verbs in the preterite form. His teacher will give you the infinitive form. You read him the complete sentence.*

Modelo: *You see:* Santos le _____ permiso al profesor para salir temprano.
     You hear: pedir
     You say: Santos le ___pidió___ permiso al profesor para salir temprano.
     You hear the confirmation: Santos le pidió permiso al profesor para salir temprano.

1. Marta y Rosita _____ ensalada y pollo frito.

2. El sábado yo _____ hasta las nueve de la mañana.

3. Miguel y Andrés _____ hasta las diez.

4. El año pasado Juan _____ la clase de francés.

5. Antes del examen los estudiantes _____ nerviosos.

6. ¿(Tú) _____ cansado después del partido de baloncesto?

7. Marcos _____ ir a México en abril.

8. Marcos le _____ diez dólares a su papá.

9. Dos personas _____ en un accidente anoche.

10. Los estudiantes _____ la frase después de escucharla.

F. *You will hear a sentence in the present tense. Change the verb to the past tense and repeat the whole sentence.*

Modelo: *Yo hear:* Yo no repito tu secreto.
     You see: repetir
     You say: Yo no repetí tu secreto.
     You hear the confirmation: Yo no repetí tu secreto.

1. pedir
2. servir
3. preferir
4. dormir
5. dormirse
6. sentirse
7. repetir

     Oral CD

V. Pronunciación

Follow along on page 236 of your textbook.

VI. Dictado

Escuche y escriba.

1. _____

_____

2. _____

3. _____

_____

4. _____

_____

5. _____

_____

Lección 29 ▲▲

I. Versículo

Mateo 4:19 Y les dijo: Venid en pos de mí, y os haré pescadores de hombres.

II. Lectura

Follow along on page 238 of your textbook.

III. Vocabulario

After listening to each job description, circle the letter of the person best qualified to do this work. Remember to use the correct form of the noun according to the subject you hear.

Modelo: *You hear:* Ella escribe cartas a máquina. Contesta el teléfono.
       You see: a. aeromozo(a)   b. secretario(a)   c. enfermero(a)
       You circle b *and say:* una secretaria
       You hear the confirmation: una secretaria

1.   a. aeromozo(a)
     b. secretario(a)
     c. enfermero(a)

2.   a. aeromozo(a)
     b. mecánico
     c. enfermero(a)

3.   a. abogado(a)
     b. mecánico
     c. empresario(a)

4.   a. empresario(a)
     b. médico(a)
     c. abogado(a)

5.   a. abogado(a)
     b. secretario(a)
     c. médico

IV. Verbo + infinitivo

The Santanas do not hear very well. When la señora Santana tells her husband something, he always asks her if it is true. She speaks in the present tense, and he puts it in the past tense. You will hear la señora Santana speak; play the part of el señor Santana.

Modelo: *You hear:* Roberto dice que va a ser piloto.
       You say: ¿Roberto dijo que va a ser piloto?
       You hear the confirmation: ¿Roberto dijo que va a ser piloto?

V. ¿Cuál, cuáles o qué?

Cuál *and* cuáles *are used in questions asking for a choice between two or more items in a group if the question word precedes a form of the verb* ser. Qué *is used if a noun follows or if a definition is requested. The sentences you will hear on the tape are answers. Supply an appropriate question for each answer using* cuál, cuáles, *or* qué. *Listen to the model.*

Modelo: *You hear:* Quiero comprar la camisa azul.
       You say: ¿Qué camisa quieres comprar?
       You hear the confirmation: ¿Qué camisa quieres comprar? *or*
       You hear: Mi libro favorito es *Don segundo sombra*.
       You say: ¿Cuál es tu libro favorito?
       You hear the confirmation: ¿Cuál es tu libro favorito?

VI. Pronunciación

Follow along on page 245 of your textbook.

VII. Dictado

Escuche y escriba.

1. _____
   _____

2. _____
   _____

3. _____
   _____

4. _____
   _____

5. _____
   _____

Lección 30 ▲▲

I. Versículo

Romanos 5:8 Mas Dios muestra su amor para con nosotros, en que siendo aún pecadores, Cristo murió por nosotros.

II. Diálogo

Follow along on pages 247-48 of your textbook.

III. La preposición *para*

The preposition para *may express an objective or a destination. This objective or destination may be any of the following:*

a. a person
c. a place
b. an action
d. a point in time

As you listen to each sentence, determine which of the above applies. Write the appropriate letter in the space provided. Follow the model.

Modelo: *You hear:* El martes salgo para Miami.
You write c *in the space provided.*
You hear the confirmation: c. a place

1. _____
4. _____
2. _____
5. _____
3. _____

IV. Otros verbos irregulares

You will hear what one person did yesterday, then you will be asked what someone else did. Use the cues given to answer. Be sure to use the correct verb form.

Modelo: *You hear:* Pedro puso sus libros en la mesa. ¿Y ellos?
You see: en la cama
You say: Ellos pusieron sus libros en la cama.
You hear the confirmation: Ellos pusieron sus libros en la cama.

1. en las montañas
5. no querer tampoco
2. no poder tampoco
6. no poder tampoco
3. en la cafetería
7. no ponérselo
4. en el carro de mi papá
8. después del almuerzo

V. La preposición *por*

The preposition por *can be used to express the following ideas:*

a. duration
d. manner or means
b. in exchange for
e. movement through or along
c. in place of
f. among

A. *Identify the usage of the preposition* por *in the following sentences. Write the category of usage in the space provided based on the list above.*

1. _____
3. _____
2. _____
4. _____

B. *Form sentences with the words provided and the proper choice of* por *or* para. *Follow the model.*

Modelo: *You see :* Te doy mi manzana _____ tu pera.
You write por *in the blank and say:* Te doy mi manzana ___*por*___ tu pera.
You hear the confirmation: Te doy mi manzana por tu pera.

1. Te doy un regalo _____ tu cumpleaños.

2. Mamá entra en la casa _____ la puerta de la cocina.

3. Nicolás va a la biblioteca _____ estudiar.

4. Vivimos en Argentina _____ seis años.

5. Mandaste los paquetes _____ camión ayer.

6. Los pioneros viajaron _____ los desiertos _____ llegar a su

   destinación.

VI. Pronunciación

Follow along on page 254 of your textbook.

VII. Dictado

Escuche y escriba.

1. _____

   _____

2. _____

   _____

3. _____

   _____

4. _____

   _____

5. _____

   _____

Capítulo Doce

Lección 31 ▲▲▲

I. Versículo

I Tesalonicenses 5:24 Fiel es el que os llama, el cual también lo hará.

II. Diálogo

Follow along on pages 257-58 of your textbook.

III. Vocabulario

Circle the letter of the item that best matches the description you hear.

Modelo: *You hear:* Pongo la carne encima de esto.
You see: a. la mostaza   b. el pan   c. la sal
You mark b and say: el pan.
You hear the confirmation: b. el pan

1. a. el cuchillo
   b. la cuchara
   c. el plato

2. a. la servilleta
   b. la cuchara
   c. la mostaza

3. a. la salsa de tomate
   b. la mostaza
   c. la pimienta

4. a. el vaso
   b. el mantel
   c. el tenedor

5. a. el carbón
   b. la sal y la pimienta
   c. los huevos

IV. Repaso: pronombres de objetos directos e indirectos

A. *Restate the statement you hear by replacing the direct objects with the appropriate object pronouns.*

Modelo: *You hear:* La señora puso el mantel sobre la mesa.
You say: La señora ___*lo*___ puso sobre la mesa.
You hear the confirmation: La señora lo puso sobre la mesa.

1. Rafael _____ trajo.

2. Maritza _____ tiene.

3. Roberto _____ trajo.

4. El señor Ruiz _____ está usando.

B. *The sentences you see below are incomplete without the indirect object pronouns. Add the appropriate indirect object pronoun as you say each sentence aloud.*

Modelo: *You see:* Yo _____ presto el libro a Rafael.
You say: Yo ___*le*___ presto el libro a Rafael.
You hear the confirmation: Yo le presto el libro a Rafael.

1. _____ enviamos la carta a ustedes.

2. Esteban y Timoteo _____ venden sus guantes de béisbol a nosotros.

3. Tú _____ pasas los platos a los hermanos Ruiz.

4. Papá va a prestar_____ el carro al Sr. Rivas.

5. Uds. pueden explicar_____ la gramática a nosotros, ¿verdad?

6. Voy a preguntar _____ a los estudiantes si tienen hambre.

V. La posición de dos complementos

A. *Replace the direct object noun in italics with its corresponding pronoun; then say the sentence aloud.*

Modelo: *You see:* Ricardo me da *la sal.*
        You say: Ricardo me la da.
        You hear the confirmation: Ricardo me la da.

1. Carlota me explica *el plan de salvación.*

2. Julián y Adela me preparan *las hamburguesas.*

3. Yo te presto *los manteles.*

4. Nosotros te damos *las servilletas.*

5. Gloria me da *el periódico.*

B. *Replace the direct object noun with its corresponding pronoun as you say the sentence aloud. Place the object pronoun at the end of the infinitive.*

Modelo: *You hear:* Cristóbal va a mandarte la carta.
        You say: Cristóbal va a mandártela.
        You hear the confirmation: Cristóbal va a mandártela.

C. *Martín is very anxious to please Cristina and is always willing to do whatever she asks. Benjamín, on the other hand, is not. Listen to Cristina's requests and give an affirmative response for Martín and a negative response for Benjamín. Use both object pronouns in your responses.*

Modelo: *You hear:* ¿Me prestas tu libro, Martín?
        You see: sí
        You say: Sí, te lo presto.
        You hear the confirmation: Sí, te lo presto.

1. sí

2. no

3. no

4. sí

5. sí

VI. Mandatos afirmativos: forma *Ud.*

Make formal commands using the elements provided.

Modelo: *You see:* Juan / abrir su libro
        You say: Juan, abra su libro.
        You hear the confirmation: Juan, abra su libro.

1. Marta / escribir la frase

2. Ramón / cerrar la puerta

3. Pedro / hablar más fuerte

4. María Dolores / contestar la pregunta

5. Carolina / venir a mi oficina

6. Eliseo / decir la verdad

7. Felipe / volver a las tres

8. Patricia / repetir el versículo

VII. La posición de los pronombres con los mandatos afirmativos

El Sr. Vásquez sometimes lacks motivation to do what he ought to do. El Sr. González always provides the extra encouragement he needs. Play the role of el Sr. González. Remember to include the necessary object pronouns in your answers.

Modelo: *You hear:* Quiero enseñar la clase bíblica.

You say: Pues, enséñela.

You hear the confirmation: Pues, enséñela.

VIII. Mandatos irregulares forma *Ud.: dar, estar, ir, ser*

A. *The command forms of a few verbs are not based on the* yo *form of the present tense. The* **Ud.** *command for the verb* dar *is* dé. *Answer the following questions with commands. Remember to include the direct object pronouns.*

Modelo: *You hear:* ¿Le doy el tenedor?

You say: Sí, démelo.

You hear the confirmation: Sí, démelo.

B. *The* **Ud.** *command for the verb* estar *is* esté. *Listen as la Sra. Blanco's new housekeeper Lucinda is promising to fulfill specific responsibilities. Play the part of la Sra. Blanco as she reinforces each of Lucinda's statements with an appropriate command.*

Modelo: *You hear:* Voy a estar a tiempo.

You say: ¡Sí, esté a tiempo!

You hear the confirmation: ¡Sí, esté a tiempo!

C. *The* **Ud.** *command for the verb* ir *is* vaya. *Change the following statements to commands.*

Modelo: *You hear:* Ud. va a la pizarra.

You say: Vaya Ud. a la pizarra.

You hear the confirmation: Vaya Ud. a la pizarra.

D. *The* **Ud.** *command for the verb* ser *is* sea. *Change the following statements to commands.*

Modelo: *You hear:* Ud. es bueno.

You say: Sea Ud. bueno.

You hear the confirmation: Sea Ud. bueno.

IX. Dictado

Escuche y escriba.

1. _____
   _____

2. _____
   _____

3. _____
   _____

4. _____
   _____

5. _____
   _____

Lección 32 ▲▲▲

I. Versículo

Proverbios 6:20 Guarda, hijo mío, el mandamiento de tu padre, y no dejes la enseñanza de tu madre.

II. Diálogo

Follow along on page 265 of your textbook.

III. Mandatos: forma *nosotros*

Every Friday night the members of the López family take turns suggesting things they can do together. After each suggestion, join the family in saying, "Let's do it."

Modelo: *You hear:* Podemos hacer una pizza.
　　　　You say: Sí, hagámosla.
　　　　You hear the confirmation: Sí, hagámosla.

IV. Mandatos negativos: forma *Ud.*

A. *La Sra. Espín is not in the best of moods. Every time her friend la Sra. Pedregales tries to do something, la Sra. Espín tells her not to do it. Make la Sra. Espín's commands, using the elements provided.*

Modelo: *You hear:* Voy a cerrar la ventana.
　　　　You say: ¡No cierre la ventana!
　　　　You hear the confirmation: ¡No cierre la ventana!

B. *La Sra. Acevedo asks advice from her lawyer. Play the role of the lawyer and answer her according to the cues provided.*

Modelo: *You hear:* ¿Vendo mi carro?
　　　　You see: No
　　　　You say: No, no lo venda.
　　　　You hear the confirmation: No, no lo venda.

1. no
2. sí
3. no
4. no
5. sí

V. El pronombre se

A. *The indirect object pronouns le and les change to se when followed by another object pronoun that begins with l (lo, la, los, las). In the following exercise, replace each direct object noun in italics with its corresponding pronoun. Make the proper change in the indirect object pronoun.*

Modelo: *You see:* Yo le doy *el periódico* a Jaime.
　　　　You say: Yo se lo doy.
　　　　You hear the confirmation: Yo se lo doy.

1. Mis padres les envían *las direcciones* a Uds.

2. Yo quiero leerles *la Biblia* a los niños.

3. César le trae *el refresco* a Noemí.

4. Tú vas a darles *los regalos* a tus abuelos mañana.

5. Miguel y yo podemos explicarles *la lección* a Uds.

6. Ud. le presta *el carro* a su hijo.

B. *Answer the following questions using the elements provided. Remember to include both object pronouns in your answer.*

Modelo: *You hear:* ¿Quién le presta el dinero a Gilberto?
You see: Irene
You say: Irene se lo presta.
You hear the confirmation: Irene se lo presta.

1. Nancy
2. Alán
3. sus padres
4. los niños
5. el Sr. Castillo

6. los jóvenes
7. nosotros
8. tú
9. mi hermana

C. *Answer the following questions with either an affirmative or a negative Ud. command according to the cue provided. Remember that object pronouns go before a negative command but are attached to the end of an affirmative command.*

Modelo: *You hear:* ¿Le vendo la radio a Ramón?
You see: no
You say: No, no se la venda.
You hear the confirmation: No, no se la venda.

1. sí
2. no
3. sí

4. no
5. sí
6. no

VI. Dictado

Escuche y escriba.

1. _____

_____

2. _____

_____

3. _____

_____

4. _____

_____

5. _____

_____

Lección 33 ▲▲

I. Versículo

Proverbios 3:7 No seas sabio en tu propia opinión; teme a Jehová, y apártate del mal.

II. Lectura

Follow along on page 273 of your textbook.

III. Mandatos: forma *tú*

A. *Poor Angustias has a number of problems. Many people are telling her what to do and what not to do. Complete their instructions using the elements provided.*

Modelo: *You hear:* Estoy muy cansada.
You see: descansar; no tomar aspirina
You say: Descansa; no tomes aspirina.
You hear the confirmation: Descansa; no tomes aspirina.

1. comer más fruta; no comer los postres.

2. escribir tu nombre aquí; no escribir nada allí.

3. no llorar; llamar a la policía.

4. no tomar café después del mediodía.

5. estudiar para el examen; no mirar televisión.

B. *Francisco is baby-sitting his little brother. It seems that he is giving orders all day long. What are some of the orders he gives? Use the familiar command form.*

Modelo: *You hear:* lavarse las manos
You say: Lávate las manos.
You hear the confirmation: Lávate las manos.

IV. Mandatos irregulares

Complete the commands that Pablo's mother gave him. Use the cues provided and the verbs you hear.

Modelo: *You see:* donde fuiste
You hear: decirme
You say: Dime donde fuiste.

1. las naranjas en la mesa

2. pena

3. lo que te digo

4. a casa después del servicio

5. sin tu suéter

6. los pies en el sofá

7. la verdad

8. ¡de una vez!

9. al colmado a comprar pan

10. tu comida al perro

11. tan lento

12. al parque con esos muchachos

V. Repaso del pronombre se

Maritza's mother is checking up on her to see if she has done all her work. Listen to her mother's questions, and then give Maritza's answers according to the cue provided.

Modelo: *You hear:* ¿Diste los libros al profesor?
You see: sí
You say: Sí, se los di.
You hear the confirmation: Sí, se los di.

1. sí   4. sí
2. no   5. sí
3. sí

VI. Dictado

Escuche y escriba.

1. _____

   _____

2. _____

   _____

   _____

3. _____

   _____

4. _____

   _____

TEXTBOOK EXERCISES

Capítulo Uno

Introducción ▲▲▲

I. Saludos

A. Complete the following dialogues.

Juan: ¡Hola, Pedro! ¿ _____ estás?

Pedro: Estoy bien, _____ . ¿Y_____ ?

Juan: Más o menos, _____ .

Rosa: ¡Hola, Ana!

Ana: ¡ _____ , Rosa! ¿Qué _____ ?

Rosa: _____ , gracias. ¿Cómo_____ tú?

Ana: _____ también, _____ .

Sra. Rojas: _____ tardes, Sra. Matos.

Sra. Matos: _____ . ¿Cómo _____ ?

Sra. Rojas: Estoy _____ , gracias. ¿Y _____ ?

Sra. Matos: Muy _____ , gracias.

B. Pablo and Felipe have been getting some help from their Spanish teacher after supper. Complete their conversation as the boys leave their teacher.

Pablo y Felipe: _____ noches, Sr.Martínez.

Sr. Martínez: _____ , Pablo y Felipe.

Pablo y Felipe: ¡ _____ mañana, señor!

Sr. Martínez: ¡ _____ , muchachos!

C. Margarita meets many people. For each time of day listed, write how she would greet them. Begin with Buenos or Buenas.

Modelo: 11:30 A.M. _Buenos días_

   1. 2:00 P.M. _____

   2. 8:00 P.M. _____

   3. 9:15 A.M. _____

   4. 11:45 P.M. _____

   5. 5:30 P.M. _____

D. When presented with the following situations, what should you say in Spanish?

   1. What question do you ask if you want to inquire about a friend's health?

      _____

   2. What question do you ask if you want to inquire about your principal's health?

      _____

3. What do you ask if you wish to learn a teacher's name?

_____

4. What do you say when you are leaving for a short time?

_____

5. What do you say in polite response to an introduction?

_____

6. What do you say to express appreciation?

_____

7. How would you greet a close friend?

_____

8. What do you say when someone says *hola* to you?

_____

9. What do you say to find out how to reach someone by phone?

_____

II. Los números

After solving the following arithmetic problems, write them out in Spanish.

Modelo: 1 + 1 = _____ *Uno más uno son dos.*
        2 − 1 = _____ *Dos menos uno es uno.*

1. 0 + 4 + 2 = _____ _____

2. 3 + 4 = _____ _____

3. 10 − 1 = _____ _____

4. 8 − 7 = _____ _____

5. 5 + 3 = _____ _____

III. La familia

Decide whether each statement is true or false. Write verdadero *for true and* falso *for false.*

_____ 1. Jorge Washington es el "Padre de la Nación".

_____ 2. El hijo de tu padre es tu primo.

_____ 3. Tu abuela es la madre de tu hermano.

_____ 4. María es la madre de Jesús.

_____ 5. Rut es la hermana de Booz.

_____ 6. Abraham es el tío de Lot.

_____ 7. Sara es la madre de Isaac.

_____ 8. David es el hermano de Salomón.

IV. Buscapalabras

Hidden in this puzzle are the names of nine occupations. Can you find them all? Pictures are provided as hints.

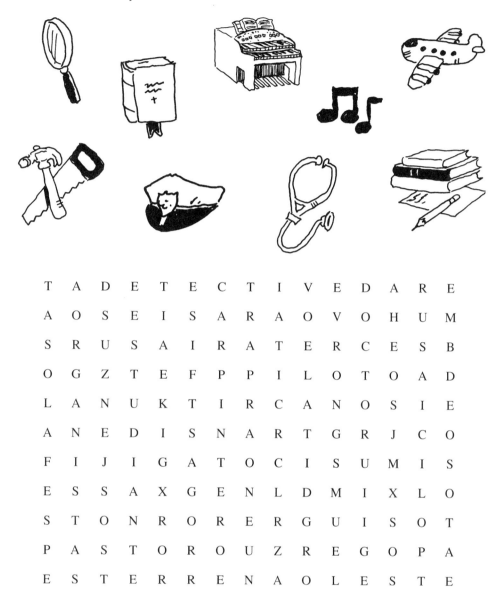

```
T  A  D  E  T  E  C  T  I  V  E  D  A  R  E
A  O  S  E  I  S  A  R  A  O  V  O  H  U  M
S  R  U  S  A  I  R  A  T  E  R  C  E  S  B
O  G  Z  T  E  F  P  P  I  L  O  T  O  A  D
L  A  N  U  K  T  I  R  C  A  N  O  S  I  E
A  N  E  D  I  S  N  A  R  T  G  R  J  C  O
F  I  J  I  G  A  T  O  C  I  S  U  M  I  S
E  S  S  A  X  G  E  N  L  D  M  I  X  L  O
S  T  O  N  R  O  R  E  R  G  U  I  S  O  T
P  A  S  T  O  R  O  U  Z  R  E  G  O  P  A
E  S  T  E  R  R  E  N  A  O  L  E  S  T  E
```

V. La clase

Tell in Spanish what you think the teacher would say to the class under the following circumstances.

1. The teacher wants the class to listen. _____

2. The teacher wants the class to notice something. _____

3. The teacher wants the class to be seated. _____

4. The teacher wants the class to say something after him or her. _____

5. The teacher wants to find out who knows the answer. _____

_____

6. The teacher wants the class to find something in the textbook. _____

_____

7. The teacher is telling the class not to be noisy. _____

8. The teacher does not want the class to respond in English. _____

_____

VI. Los días de la semana

Unscramble the days of the week and write them in the spaces provided. Remember to include accent marks where appropriate.

1. adobas   1. _____
2. eusevj   2. _____
3. modigno   3. _____
4. restam   4. _____
5. renesiv   5. _____
6. nselu   6. _____
7. cleiromes   7. _____

VII. División en sílabas

Divide the following words into syllables.

1. escoger _____   6. trece _____
2. escritura _____   7. milagro _____
3. separado _____   8. lástima _____
4. tremendo _____   9. amarillo _____
5. flecha _____   10. perro _____

Capítulo Dos

Lección 1 ▲▲

I. Vocabulario

Marcos has gone to church with Felipe. He points to various objects and asks Felipe ¿Qué es esto? *Give Felipe's answers as shown in the model.*

Es una Biblia.

1. _____

2. _____

3. _____

4. _____

5. _____

II. Preguntas y respuestas

A. *Conteste afirmativamente.*

1. ¿Es un borrador? _____

2. ¿Es una tiza? _____

3. ¿Es un libro? _____

4. ¿Es un cuaderno? _____

5. ¿Es un lápiz? _____

B. Conteste negativamente.

1. ¿Es un profesor? _____

2. ¿Es una muchacha? _____

3. ¿Es un estudiante? _____

4. ¿Es un misionero? _____

5. ¿Es un pastor? _____

III. El artículo definido

A. Write the correct definite article, el or la, in the space provided.

1. _____ pared

2. _____ llave

3. _____ lápiz

4. _____ tiza

5. _____ bolígrafo

6. _____ papel

7. _____ avión

8. _____ congregación

9. _____ pastor

10. _____ cruz

11. _____ pupitre

12. _____ predicador

B. The following phrases describe vocabulary that you know. Can you determine which words should go in the spaces? The answer to the first one is provided to help you get started. Include el or la with each noun.

1. Una parte de la Biblia: *el Nuevo Testamento* _____

2. Un libro de himnos: _____

3. Otra palabra para *pastor*: _____

4. Un instrumento de crucifixión: _____

5. Los miembros de la iglesia: _____

6. Una conversación con Dios: _____

7. El Hijo de Dios: _____

8. Otra palabra para *maestro*: _____

9. Otra palabra para *automóvil*: _____

10. Un grupo musical en la iglesia: _____

C. Responda a las preguntas.

1. ¿Cómo se llama el pastor de tu iglesia? _____

2. ¿Cómo se llama tu misionero favorito? _____

3. ¿En qué parte de la Biblia está el libro de Romanos? _____

_____

4. ¿Qué es el *747*, un carro o un avión? _____

5. ¿Es grande la congregación de tu iglesia? _____

D. *¿Verdadero o falso?*

_____ 1. La congregación canta himnos en la iglesia.

_____ 2. Génesis está en el Nuevo Testamento.

_____ 3. El pastor de tu iglesia se llama Carlos Spurgeon.

_____ 4. Juan 3:16 no está en el libro de los Salmos.

_____ 5. La Biblia es la Palabra de Dios.

IV. Situación

¿Cómo se dice en español? (How do you say it in Spanish?)

1. What do you say to invite someone to accompany you to a religious service?

   _____

2. What would your pastor say if he wanted you to find a passage of Scripture?

   _____

3. What do you ask if you want someone to identify something for you?

   _____

Lección 2 ▲▲▲

I. El verbo *tener* (singular)

A. *Escriba la forma correcta de* tener.

1. ¿ _____ Ud. casas para alquilar?

2. Yo _____ un apartamento; no _____ una casa.

3. El apartamento _____ patio, pero no _____ garaje.

4. La primera planta _____ cocina, comedor, sala y baño.

5. La Sra. de Martínez _____ dos niños.

6. ¿ _____ tú una familia grande?

B. *Responda a las preguntas.*

1. ¿Tiene tu casa una cocina grande? _____

_____

2. ¿Tienes un dormitorio en la primera planta o en la segunda planta? _____

_____

3. ¿Tiene tu casa un comedor formal? _____

_____

4. ¿Tienes un perro o un gato? _____

II. Adjetivos posesivos (singular)

Llene el espacio con la forma correcta del posesivo.

1. Tengo un libro en _____ bolsa.

2. ¿Tienes un perro en _____ casa?

3. María tiene una radio en _____ dormitorio.

4. ¿Tiene Ud. un lápiz en _____ bolsillo?

5. Tengo un teléfono en _____ cocina.

6. ¿Tienes un horno de microondas (*microwave*) en _____ cocina?

III. El artículo definido

Supply the definite article if necessary.

1. Buenos días, _____ Srta. Morales.

2. _____ doctor Pérez es mi amigo.

3. ¿Quién es? Es _____ señora López.

4. _____ profesor Blanco tiene un carro nuevo.

5. ¿Cómo está Ud., _____ señor Méndez?

6. _____ profesora de español está en su oficina.

IV. Vocabulario

A. In the space provided, write the number of the word that best fits each picture.

1. la oficina
2. la familia
3. el garaje
4. el dormitorio

5. la sala
6. el baño
7. la cocina
8. el comedor

 _____

 _____

 _____

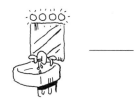 _____

 _____

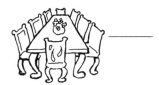 _____

 _____

 _____

B. Conduct a survey to find out who in your class has the following things. Ask and answer in Spanish using the correct form of tener. Afterward, report your findings in Spanish to the class.

¿Tienes . . . ?

1. un apartamento
2. un perro grande
3. una casa de tres plantas
4. una guitarra
5. un piano
6. un garaje para tres carros

7. un vecino italiano
8. una familia de ocho personas
9. una casa de cuatro dormitorios
10. tres gatos
11. un diccionario español
12. un carro *Volkswagen*

Lección 3 ▲▲▲

I. Vocabulario

A. Associations. Match the vocabulary on the left with the information on the right.

1. _____ la educación física
2. _____ la historia
3. _____ la geografía
4. _____ las matemáticas
5. _____ la ciencia
6. _____ la biología
7. _____ la literatura
8. _____ el español
9. _____ la biblioteca
10. _____ la geometría

A. fórmulas y experimentos

B. ¡Buenos días!

C. los poemas, las novelas, Longfellow y Shakespeare

D. la gimnasia, el tenis y el fútbol

E. las montañas, los continentes y los mapas

F. los ángulos, triángulos y círculos

G. A. D. 1492, 1776, 1865

H. la disección, los reptiles y los invertebrados

I. $2 + 2 = 4$

J. los libros para el público

B. Circle the letter of the answer that does not fit.

1. ¿Cuál de las palabras no es una clase?
   a. la geometría
   b. la literatura
   c. la iglesia
   d. el inglés

2. ¿Cuál de las palabras no se asocia con la transportación?
   a. el aula
   b. el autobús
   c. la bicicleta
   d. la motocicleta

3. ¿Cuál de las palabras no se asocia con la ciencia?
   a. el laboratorio
   b. la química
   c. la historia
   d. la biología

4. ¿Cuál de las palabras no se asocia con la comunicación?
   a. el teléfono
   b. el inglés
   c. el español
   d. el experimento

5. ¿Cuál de las palabras no se asocia con la iglesia?
   a. el coro
   b. el predicador
   c. el laboratorio
   d. el himnario

II. Preguntas con respuestas afirmativas/negativas

Find out whether the following facts are true of anyone in your class. Ask and answer each other in Spanish, taking care to practice correct question formation.

Pregunte si . . .

1. su padre es pastor *¿Es pastor tu padre?* _____

2. su madre es maestra _____

3. su clase de español es difícil _____

4. tiene una clase de biología _____

5. su clase de inglés es interesante _____

6. su padre tiene un Volvo _____

7. su clase de educación física es grande _____

_____

8. tiene una clase en la cafetería _____

9. tiene una biblioteca en su casa _____

10. su padre tiene una motocicleta _____

11. tiene un hermano guapo o una hermana bonita _____

_____

12. su casa está en China _____

III. Buscapalabras

In the puzzle below there are eleven words related to school and school subjects. Circle and then write your answers in the spaces provided.

1. _____   7. _____
2. _____   8. _____
3. _____   9. _____
4. _____   10. _____
5. _____   11. _____
6. _____

```
A  U  S  T  Q  U  E  Ñ  H  C  U  A
H  L  E  M  U  Ñ  S  R  U  A  O  R
I  I  U  B  I  O  L  O  G  I  A  U
S  N  B  A  M  I  P  I  N  F  R  T
T  G  E  D  I  C  N  G  I  C  E  A
O  L  I  N  C  N  l  G  E  I  R  R
R  E  S  P  A  Ñ  O  L  B  E  O  E
I  S  P  S  P  E  L  B  O  N  Y  T
A  B  I  B  L  I  O  T  E  C  A  I
D  R  A  M  E  C  U  R  B  I  A  L
S  A  C  I  T  A  M  E  T  A  M  Y
C  O  I  R  O  T  A  R  O  B  A  L
```

Capítulo Tres

Lección 4 ▲▲

I. El verbo *estar* (singular)

Escriba la forma correcta de estar.

1. Yo _____ en casa.

2. Mi hermana _____ en Colombia.

3. Marcos _____ en Santiago, Chile.

4. Tú _____ en la escuela.

5. Ella _____ en su clase de español.

6. Usted _____ en la casa de María.

7. Yo _____ en mi cuarto.

8. El _____ en mi casa.

9. Dorina _____ en Nueva York.

10. El profesor _____ en la oficina del director.

II. Las preposiciones

Here is a review of some prepositions that might be helpful in answering the question ¿Dónde está?

 encima de ≠ debajo de

 delante de ⊬ detrás de

 al lado de = junto a

III. La frase interrogativa ¿Dónde está?

A. *Refer to the illustration to complete the sentences below. Use the prepositions* encima de, debajo de, al lado de, junto a, en, detrás de, *and* delante de. *Watch for articles and contractions.*

1. El cuadro del gato está _____ cuadro del perro.

2. La mesa está _____ la puerta.

3. El cuaderno está _____ sofá (*masc.*).

4. El señor está _____ la señora.

5. La señora está _____ señor.

6. El libro está _____ la mesa.

7. El sofá está _____ cuadro del perro.

8. El lápiz está _____ libro.

B. *Refer to the illustration to make a statement about the two nouns listed. Use the prepositions* encima de, debajo de, detrás de, delante de, al lado de, junto a, *and* en.

1. Carmen / la casa

_____

2. Pedro / la mesa

_____

3. el libro / la mesa

_____

4. la bolsa de Ana / la silla

_____

5. la puerta / la ventana

_____

IV. Adjetivos con _estar_

A. *After each of the following adjectives, write F if it is feminine and M if it is masculine. Write FM if it could be either.*

1. contento _____
2. triste _____
3. tranquila _____
4. abierta _____
5. cerrado _____
6. sano _____
7. alegre _____
8. pequeño _____

9. grande _____
10. guapo _____
11. gorda _____
12. fea _____
13. bajo _____
14. mucha _____
15. enfermo _____

B. *Complete each sentence with the antonym of the adjective in italics.*

1. Enrique no está _triste;_ está _____
2. Maritza no está _sana;_ está _____
3. La puerta no está _cerrada;_ está _____
4. La ventana no está _sucia;_ está _____
5. No estoy _nervioso;_ estoy _____
6. Papá no está _de mal humor;_ está _____

C. *Arrange the following sentence elements to create sentences. Be sure to make the adjective agree with the noun it modifies.*

1. nervioso / perro / Diana / está / de / el

_____

2. profesora / español / buen / de / humor / está / la / de

_____

3. está / no / la / muchacha / cansado

_____

4. mi / está / limpio / cuarto

_____

5. sucio / la / está / mi / puerta / casa / de

_____

6. de / María / la / contento / está / madre

_____

7. carro / está / Pedro / el / de / sucio

_____

8. tranquilo / yo / mañana / estoy / esta

_____

Textbook Exercises

Lección 5 ▲▲

I. El verbo *ser* (singular)

Escriba la forma correcta de *ser*.

1. El cuaderno _____ de Alicia.

2. Tú _____ bautista, ¿no?

3. Marcos _____ muy guapo.

4. Yo _____ de Arizona.

5. Ud. _____ misionera, ¿verdad?

II. Adjetivos con el verbo *ser*

A. Escriba en el espacio la letra del grupo de sustantivos asociados con el adjetivo.

1. _____ tonto

2. _____ limpio

3. _____ tacaño

4. _____ malo

5. _____ viejo

6. _____ enorme

7. _____ fácil

8. _____ inteligente

9. _____ rico

10. _____ magnífico

A. Barrabás, Al Capone, Jesse James

B. el alfabeto, 1+1=2, 2+2=4

C. Los Tres Chiflados (*Stooges*)

D. Los Rockefeller

E. La Casa Blanca, El Palacio Buckingham, El Taj Majal

F. Ebenezer Scrooge

G. un hipopótamo, un elefante

H. Matusalén, los abuelos

I. *Tide, Cheer, All*

J. Alberto Einstein, Isaac Newton, tu profesor(a) de español

B. Responda a las preguntas.

1. ¿Cómo eres tú? ¿Eres tacaño(a) o generoso(a)?

_____

2. ¿Es simpático tu papá?

_____

3. ¿Cuál es tu clase más interesante?

_____

4. ¿Es elegante o económico tu carro favorito?

_____

5. ¿Quién es un(a) chico(a) guapo(a) en tu escuela?

_____

6. ¿Eres serio(a)?

_____

7. ¿Es guapa tu mamá?

_____

C. *Find out who in your class has the following things by asking ¿Tienes una casa moderna?, ¿ . . . un perro inteligente?, and so on. After each answer ask a follow-up question to get more information. Follow-up questions would include questions such as ¿Cómo es? ¿Por qué? ¿Qué tipo de . . . es?*

1. una casa moderna
2. un perro inteligente
3. un carro fantástico
4. una bicicleta fea

5. un hermano intelectual
6. una familia muy grande
7. una clase difícil

III. Adverbios de intensificación

Fill in the blank with the most appropriate adverb from the following: muy, bastante, algo, poco, no . . . nada. Try to use each adverb at least once.

1. Nueva York es _____ grande.

2. El álgebra es _____ fácil.

3. El *Yugo* no es _____ elegante.

4. La reina Sofía de España es _____ famosa.

5. Mi mamá es _____ joven.

6. Mi amigo es _____ generoso.

7. La clase de español es _____ interesante.

IV. El uso de *ser* para expresar profesión, nacionalidad y religión

Puerto Rico   México   Argentina   España

Write a brief description of the characters above. Include the nationality and profession of each one.

1. _____
_____

2. _____
_____

3. _____
_____

4. _____
_____

Lección 6 ▲▲▲▲▲▲▲▲▲▲▲▲▲▲▲▲▲▲▲▲▲▲▲▲▲▲▲▲▲▲▲▲▲▲▲▲▲

I. Vocabulario

Use the picture clues to complete the puzzle.

Horizontal *(Across)*

Vertical *(Down)*

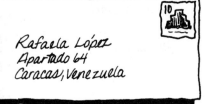

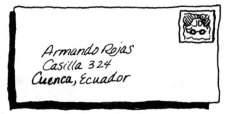

II. El uso de la preposición *de* con *ser*

A. *¿De dónde es?*

1. ¿De dónde es Belize? ¿Es de Puerto Rico?

_____

_____

2. ¿De dónde es Pablo?

_____

3. ¿De dónde es Armando?

_____

4. ¿De dónde es Rafaela?

_____

5. ¿De dónde es Simón?

_____

B. *Escriba la pregunta apropiada para cada respuesta.*

1. La Srta. Rojas es de San Pedro. _____

2. La corbata es de algodón. _____

3. La camisa es de mi padre. _____

4. Dolores está en Miami. _____

5. Mi padre es médico. _____

6. Mi madre es profesora. _____

7. El reloj de mi abuelo es de oro. _____

8. Elisabet está en la escuela. _____

9. Blanca es de Cuba. _____

10. El carro Nissan es de mi padre. _____

11. El señor Matos es el pastor de la iglesia. _____

12. La iglesia es grande. _____

C. *Bring to class something unusual that you can tell about in a few sentences. Give answers to the following questions: ¿Qué es? ¿De quién es? and ¿De dónde es? Ask your teacher or look in a Spanish-English dictionary for help with unfamiliar vocabulary.*

III. Resumen de *ser* y *estar*

A. *Fill in the blank with the correct form of* ser *or* estar. *Then decide whether the verb identifies or locates. Write* I *for identification and* L *for location in the spaces provided to the left of each sentence.*

1. _____ El coro _____ en la iglesia.

2. _____ *¡Hasta luego!* _____ una expresión.

3. _____ El comedor _____ al lado de la cocina.

4. _____ La Biblia de Elena _____ dentro de su bolsa.

5. _____ La tarea de Lucas _____ debajo de su cuaderno.

6. _____ La novia de Tomás _____ la Srta. Ruiz.

7. _____ Su mamá _____ profesora de matemáticas.

8. _____ Ecuador _____ en América del Sur.

9.   Quito _____ la capital de Ecuador.

10. _____ Yo _____ en mi cuarto.

B. *Using the elements below, write complete sentences by adding either* ser *or* estar *and making the adjective agree with the noun.*

1. La casa de mis padres / grande

   _____

2. El comedor / bastante grande

   _____

3. Hoy mi cuarto / no / limpio

_____

4. La sala / limpio

_____

5. Yo / nervioso / hoy

_____

6. Mi abuela / enfermo

_____

7. Juan / muy inteligente

_____

8. Miguelina / simpático

_____

9. Antonio / cubano

_____

10. El señor Torres / bajo y gordo

_____

IV. El pronombre relativo *que*

A. *Use the relative pronoun* que *to combine both sentences into one.*

Modelo: El sombrero está en la mesa. El sombrero no es mi sombrero.
         El sombrero *que* está en la mesa no es mi sombrero.

1. El perro es grande. El perro es feo.

_____

2. El carro está detrás de mi casa. El carro no es de mi padre.

_____

3. La muchacha está cansada. La muchacha está de mal humor.

_____

4. El saco es de poliéster. El saco es de mi abuelo.

_____

5. La pluma es de oro. La pluma es de mi profesora.

_____

B. *With a partner, ask and answer questions about the identity of the characters in the pictures. Write the questions and answers in the spaces below.*

Modelo: —¿Cómo se llama la muchacha que tiene la Biblia?
—La muchacha que tiene la Biblia se llama Laura.

Laura

Patricia

Cintia y Samuel

Martín

Daniel

Alicia y el pastor

Natán

1. Q: _____

   A: _____

   _____

2. Q: _____

   A: _____

   _____

3. Q: _____

   A: _____

   _____

4. Q: _____

   A: _____

   _____

5. Q: _____

   A: _____

Capítulo Cuatro

Lección 7 ▲▲▲

I. Vocabulario

Associations. Match the things on the right with the places on the left. Some of the vocabulary may be unfamiliar to you, but if you use your imagination you can figure out what the words mean.

1. _____ la tienda
2. _____ el teatro
3. _____ el restaurante
4. _____ el museo
5. _____ el parque
6. _____ el hospital
7. _____ la iglesia

A. médicos, medicina, pacientes
B. arte, artefactos, escultura
C. relojes, collares, paraguas
D. dramas, conciertos, óperas
E. pastor, congregación, himnos
F. niños, perros, béisbol
G. hamburguesas, pizza, tacos

II. Los pronombres personales

¿Qué pronombre es correcto?

1. Rosa y Marta: _____
2. Felipe, Alejandro y Pedro: _____
3. Los señores Pérez y yo: _____
4. Sandra, Marta, Beatriz y Ud.: _____
5. El señor López: _____
6. La señora Carmen Montez: _____
7. ¿Cómo estás _____ ?
8. Guillermo, Ernesto y Francisca: _____

III. El verbo *estar*

A. *Complete las oraciones con la forma correcta de* estar.

1. Nosotros _____ en el aeropuerto.
2. Manolo y Federico _____ en el estadio.
3. Las hermanas de Pablo no _____ en nuestra escuela.
4. Ellas _____ en la escuela secundaria.
5. ¿Tú _____ cansado?
6. Yo _____ alegre hoy.
7. Su hermanito _____ en casa; no _____ en el parque.
8. ¿Dónde _____ sus amigos?
9. Marla y David _____ en el restaurante.
10. Rafael y Ana _____ en el centro.

B. *Responda a las preguntas.*

1. ¿Dónde están Uds. en este momento? _____

_____

2. ¿Quién está delante de la clase? _____

_____

3. ¿Están en la iglesia ahora tus padres? _____

_____

4. ¿Quién está en tu pupitre? _____

_____

5. ¿Estamos en el laboratorio ahora? _____

_____

6. ¿Están bien hoy todos Uds.? _____

_____

7. ¿Quiénes en tu familia están en casa? _____

_____

IV. El plural de los adjetivos

Complete la oración con la forma correcta de un adjetivo de la lista.

Modelo: Gilberto tiene fotografías _____*interesantes*_____ .

alto	inteligente
feo	clásico
gordo	guapo
grande	rico
mexicano	bonito
viejo	flaco
elegante	español
feliz	argentino

1. Diana tiene amigas _____ .

2. El Sr. León tiene hijos _____ .

3. Ricardo tiene perros _____ .

4. Mi madre tiene libros _____ .

5. Orlando tiene un carro _____ .

6. Tengo muchos amigos _____ .

7. Mi casa tiene cuartos _____ .

8. Mi gata tiene gatitos _____ .

9. Mi padre tiene primos _____ .

10. Dolores tiene abuelos _____ .

Textbook Exercises

Lección 8 ▲▲

I. Los números

A. *Write out the following arithmetic problems in Spanish.*

90 _____ menos catorce son _____
−14
76

82 ochenta y dos _____ _____ _____
−20 _____
62

21
+38 _____ más _____ son cincuenta y
59 nueve

16
15 _____ _____ _____ _____
+13
44 _____ son _____

B. *¿Cuál es tu número de teléfono? Escriba los números de teléfono según el modelo.*

Modelo: 235-4281 Mi número de teléfono es dos, treinta y cinco, cuarenta y dos, ochenta y uno.

1. 528-4329 _____

   _____

2. 884-5726 _____

   _____

3. 963-1215 _____

   _____

4. 732-1376 _____

   _____

C. *Exchange telephone numbers in Spanish with three people in your class. Write them in the spaces provided.*

1. _____

2. _____

3. _____

II. Crucigrama.

The numbers related to the items below form the answers to the crossword puzzle.

Horizontal (across)

3. las colonias originales de Norte América
4. los hombres en un equipo de fútbol americano
5. las horas en un día
7. los días de febrero

10. las semanas en un año
11. los Estados Unidos de América
13. los días de junio
14. "_____ trombones" en el gran desfile (*parade*)
15. los días en una semana

Vertical (down)

1. las pulgadas (*inches*) en una yarda
2. los senadores en Washington, D.C.
4. 70 + 10 + 5 = ____
6. los hijos de Jacob
7. las letras del alfabeto inglés

8. Ali Baba y sus _____ ladrones (*thieves*)
9. las tribus de Israel
12. los años en el desierto para Moisés y los israelitas
14. los minutos en una hora

III. *Tener* para indicar edad

Es 1993. ¿Cuántos años tiene?
The date following each name is his or her date of birth. After determining the person's age, write your answers in complete sentences.

1. Rosa María—1977 _____

2. Juana Carlota—1952 _____

3. Doña Blanca—1917 _____

4. Don Roberto—1900 _____

5. George Bush—1924 _____

6. Ronald Reagan—1911 _____

7. El Rey Juan Carlos de España—1938 _____

   _____

8. Plácido Domingo—1941 _____

IV. El verbo *tener*

Responda a las preguntas.

1. ¿Tienes muchos hermanos? _____

2. ¿Dónde tienes tu clase de español? _____

3. ¿Cuándo tienen Uds. programas especiales en su escuela, por la tarde o por la noche?

   _____

4. ¿Tienen tus padres un carro y un camión? _____

   _____

5. ¿Qué tiene tu profesor(a), un carro o un avión personal? _____

   _____

V. Los artículos definidos

Make the following sentences plural. Pay special attention to the italicized words and make sure nouns and adjectives agree in number.

Modelo: *El avión* está en el aeropuerto.
          Los aviones están en el aeropuerto.

1. *El cuarto pequeño* está a la derecha. _____

   _____

2. *La niña flaca* está enferma. _____

   _____

3. *El muchacho triste* está en la oficina del director. _____

   _____

4. *La señorita* está presente. _____

   _____

5. *El maestro* de álgebra está contento con *el estudiante*. _____

   _____

Lección 9 ▲▲▲

I. El verbo *ser*

A. *Escriba la forma correcta del verbo* ser.

1. Los estudiantes _____ inteligentes.

2. Mi hermano y yo _____ de Bolivia.

3. Pedro y Juan _____ discípulos de Cristo.

4. María y Marta _____ hermanas de Lázaro.

5. Ustedes _____ buenos amigos.

6. Tú _____ muy guapo.

7. ¿_____ Uds. norteamericanos?

8. ¿_____ el hijo del doctor Pérez?

9. Yo _____ feliz porque _____ hijo de Dios.

10. Nosotros _____ españoles.

B. *Escriba oraciones originales con el verbo* ser *y los elementos siguientes.*

Modelo: mesas / elegante
       Las mesas son elegantes.

1. iglesias / grande _____

2. chicos / guapo _____

3. estudiantes y yo / de Nueva York _____

_____

4. señoritas / simpático _____

5. Ud. y yo / inteligente _____

6. abrigos / feo _____

7. ustedes / de Costa Rica _____

8. carros / japonés _____

9. sombreros / enorme _____

10. pizarras / necesario _____

11. Manolo y Eugenio / divertido _____

12. vestidos / largo _____

II. ¿Qué hora es?

Modelo: 1:55 P.M.   Son las dos menos cinco de la tarde.

1. 11:25 A.M. _____

2. 7:50 A.M. _____

3. 12:45 A.M. _____

4. 9:35 P.M. _____

5. 4:15 P.M. _____

Note: The traditional way of telling time used with analog clocks is also used with digital clocks, but many people simply read the time on a digital clock as we would in English. For example, 5:45 on a digital clock could be read as "Son las seis menos cuarto" or as "Son las cinco y cuarenta y cinco."

III. ¿A qué hora llega?

The table below is a flight schedule for several Latin American airlines that fly in and out of Miami International Airport.

Origen	Llegada (Arrival)	Salida (Departure)	Destino
Bogotá	9:45 A.M.	10:50 A.M.	Nueva York
Caracas	10:10 A.M.	12:26 P.M.	Boston
Lima	1:55 P.M.	4:00 P.M.	Dayton
Santo Domingo	4:30 P.M.	6:24 P.M.	Newark
San Juan	8:00 P.M.	8:50 P.M.	Atlanta

The times given in the exercises are the actual arrival times. Refer to the flight schedule to answer the following questions: ¿A qué hora llega el avión? ¿Llega temprano, a tiempo o tarde?

Modelo: Santo Domingo 4:10 P.M.

El avión de Santo Domingo llega a las cuatro y diez de la tarde. Llega temprano.

1. Caracas 10:30 A.M. _____

    _____

2. Bogotá 9:45 A.M. _____

    _____

3. San Juan 7:55 P.M. _____

    _____

4. Lima 1:55 P.M. _____

    _____

IV. Los posesivos

A. *Supply the correct form of the possessive adjective. (Hint: The underlined words will help you decide which possessive to use.)*

1. Mi familia es interesante.

    _____ padres son puertorriqueños. _____ papá es de San Juan y

    _____ mamá es de Ponce. _____ hermanos están en la escuela primaria.

    _____ escuela es privada.

2. Enrique, tú eres muy inteligente.

    _____ clase favorita es trigonometría. Tienes dos computadoras en _____

    cuarto. _____ padres son médicos, y _____ hermanos están en Yale.

3. <u>Tenemos</u> una iglesia excelente.

_____ pastor es un buen predicador. _____ coro tiene mucho talento. _____ clases de escuela dominical son interesantes. _____ miembros son dedicados. _____ iglesia tiene un buen espíritu.

4. <u>Arturo</u> es un buen chico.

_____ nombre completo es Arturo Ernesto Fernández y Menéndez de la Llana. _____ casa está cerca de la plaza central. _____ mamá es amiga de mi mamá. _____ papá es piloto comercial. _____ hermanos son estudiantes en la universidad local. _____ novia es una chica de _____ iglesia. _____ aspiraciones para el futuro son ser piloto, como _____ padre, y ser misionero también.

5. <u>Los misioneros</u> de mi iglesia están en Honduras.

_____ casa es pequeña y _____ iglesia también. _____ avión es para la distribución de tratados y para transporte. _____ carro es un *Jeep* porque el terreno es malo. _____ ministerio es difícil, pero están contentos entre _____ nuevos amigos hondureños (*hondureño = de Hondura*s).

6. Sr. Martínez, <u>Ud.</u> tiene una familia rara.

Usted es inventor, _____ esposa es una científica nuclear, _____ hijo David es violinista, _____ hermanas Matilde y Yolanda son astronautas, _____ madre es conductora de orquesta, _____ padre es oficial del Pentágono, y _____ abuelo es mecánico.

7. <u>La Sra. Ruiz</u> tiene un problema muy grande.

_____ llaves, _____ dinero, _____ tarjetas de crédito y _____ cartera están en _____ carro. Pero, _____ carro está enllavado (*locked*). ¡Qué problema!

Capítulo Cinco

Lección 10 ▲▲▲

I. Los verbos *-ar*

A. *Escriba la forma correcta del verbo entre paréntesis.*

1. Marta y yo _____ en el coro. (cantar)

2. Tú _____ temprano a la iglesia. (llegar)

3. Nosotros _____ Pepsi-Cola todos los días. (comprar)

4. Pedro, Felipe y yo _____ en la cafetería. (trabajar)

5. Yo _____ música clásica en casa. (escuchar)

6. Mi hermano _____ café por la mañana. (tomar)

7. Tomás y yo _____ el partido de tenis. (ganar)

8. Uds. _____ con sus amigos en la escuela. (hablar)

9. Ud. no _____ tarde a la clase. (entrar)

10. Mi tío no _____ aspirina. (tomar)

11. Nosotros _____ muchas medallas de oro en los Juegos Olímpicos de Barcelona. (ganar)

12. Los miembros de la orquesta _____ para el concierto. (practicar)

B. *Escriba la forma correcta del verbo apropiado:* ensayar, cantar, preparar, escuchar, predicar. *Use cada verbo solamente una vez.*

1. Elena y yo _____ en el coro de la iglesia.

2. Los niños _____ su casete favorito de música.

3. Yo _____ mi lección de piano.

4. Mi pastor _____ muchos sermones porque _____ cinco veces a la semana.

C. *Escriba preguntas para las respuestas siguientes.*

1. Yo estudio en mi cuarto. _____

2. No, no hablamos español en casa. _____

3. Mis padres trabajan por la mañana y por la tarde. _____

   _____

4. Mi pastor es el Dr. Menéndez. _____

5. Sí, practico mucho el piano. _____

6. Nosotros ganamos el partido de fútbol. _____

   _____

D. *Escriba oraciones (sentences) con los elementos siguientes.*

1. tú / tocar _____

2. mi papá / trabajar _____

3. Susana / llegar a la clase _____

4. Rubén / sacar fotos _____

5. Uds. / escuchar _____

6. yo / hablar _____

7. nosotros / practicar _____

8. mi mamá / comprar _____

II. Pronombres con las preposiciones

Escriba el pronombre que corresponde a los elementos entre paréntesis.

1. El regalo es para _____. (Mario y yo)

2. Los pastores están con _____. (Juanita y José)

3. Compramos un regalo para _____. (mamá)

4. Sacan una foto de _____. (tú)

5. Dios siempre está con _____. (yo)

6. Gilberto trabaja con _____, ¿no? (tú)

7. La profesora está delante de _____. (nosotros)

8. Jaime está a la derecha de _____. (Ud.)

9. Mi amigo José está sentado detrás de _____. (Felipe)

10. Eliseo está al lado de _____. (Ester y Juana)

III. Vocabulario

Supply the -ar verb that best corresponds to each definition. (Some of the words in the definitions will be new to you. You can figure them out with a little imagination.)

1. comunicar verbalmente: _____

2. usar dinero ($) para tener cosas: _____

3. ser victorioso: _____

4. tener empleo: _____

5. ensayar; preparar a cantar el domingo: _____

6. producir música vocal: _____

7. actividad principal del estudiante: _____

Lección 11 ▲▲▲

I. Resumen: El presente de los verbos que terminan en -ar

A. Escriba la forma correcta del verbo entre paréntesis.

1. (hablar) Mario y Tomás _____ con Patricia, pero yo _____
   con Teresa. Entonces Teresa y yo _____ con Eduardo.

2. (trabajar) Raquel _____ en el centro. Mis padres
   _____ en una escuela y Uds. _____ en la capital.

3. (escuchar) Nosotros _____ la orquesta sinfónica. Ellos
   _____ la radio y yo _____ mi estéreo.

4. (tocar) Rafaela _____ el piano; tú _____ el
   clarinete; y Nicolás y yo _____ las guitarras.

5. (sacar) Ud. _____ muchas fotos; Carola _____
   algunas fotos; pero yo nunca _____ fotos.

B. Escriba la forma correcta del verbo entre paréntesis.

1. ¿Tú _____ en casa para la Nochebuena? (estar)

2. Yo siempre _____ en el coro de Navidad. (cantar)

3. Feliciano no _____ leche. (tomar)

4. ¿ _____ Uds. español en casa? (hablar)

5. Ellos _____ mucho para el programa, ¿verdad? (ensayar)

6. Ud. _____ una clase de escuela dominical, ¿no? (enseñar)

7. Nosotros _____ la información en la enciclopedia. (buscar)

8. Samuel y Aida _____ la obra de arte. (mirar)

9. La señora _____ el autobús delante de la biblioteca. (esperar)

10. El pastor _____ todos los domingos. (predicar)

C. Escriba oraciones originales con los elementos siguientes.

1. Miguelín / sacar libros

   _____

2. Yo / no tocar

   _____

3. Mis padres / trabajar

   _____

4. El Sr. Galdós / esperar

   _____

5. Andrés y yo / llegar

   _____

II. El plural del artículo indefinido

A. *Make the following sentences plural.*

1. Un muchacho canta bien una canción.

   _____

2. Una chica de la escuela toca bien su instrumento.

   _____

3. Uno de mis amigos siempre llega un minuto tarde.

   _____

B. *Rewrite the sentences in section A using the correct form of* algunos *or* varios.

1. _____
2. _____
3. _____

III. Adjetivos de cantidad

A. *Escriba la forma correcta de* todo.

1. _____ mis amigos hablan inglés.
2. _____ la clase practica en el laboratorio.
3. _____ el dinero que tengo está en el banco.

B. *Escriba la forma correcta de* mucho.

1. _____ dinero es necesario para comprar un carro.
2. _____ personas están en mi casa.

C. *Escriba la forma correcta de* otro.

1. _____ coro canta en el servicio el domingo.
2. _____ personas también tocan la flauta.

D. *Escriba preguntas para las respuestas. Use la forma correcta de* ¿cuánto? *en cada pregunta. Siga el modelo.*

Modelo: Tengo cinco hermanos y dos hermanas.
　　　　　¿Cuántos hermanos y hermanas tienes?

1. Elena saca muchas fotos.

   _____

2. Tenemos dos servicios cada domingo.

   _____

3. No tengo mucho tiempo ahora.

   _____

IV. El *a* personal

A. *Escriba el* a *personal si es necesario.*

1. Llamo por teléfono _____ mi mejor amigo.

2. Maribel tiene _____ muchos amigos en España.

3. Mis amigos escuchan _____ música clásica.

4. José y Marcos invitan _____ los jóvenes a su casa.

5. El pastor enseña _____ los adultos en la escuela dominical.

6. Alberto compra _____ rosas para Inez.

7. Ricardo y Roberto esperan _____ las chicas en la sala.

8. La Srta. Ordóñez enseña _____ los estudiantes de la clase de español.

B. *Responda a las preguntas con oraciones completas.*

1. ¿Quién en tu familia toca un instrumento? ¿Qué instrumento toca? _____

   _____

2. ¿Quién predica el sermón en tu iglesia el domingo? _____

   _____

3. ¿Dónde buscamos definiciones? _____

   _____

4. ¿Miran Uds. mucha televisión? ¿Qué programas miran? _____

   _____

5. ¿Quién en tu escuela enseña la Biblia? _____

   _____

6. ¿A quiénes invitan Uds. a su casa cuando tienen una fiesta? _____

   _____

7. ¿Cómo se llama el / la pianista de tu iglesia? _____

   _____

8. ¿Qué es el nombre de tu escuela? _____

   _____

9. ¿Cuántos maestros enseñan allí? _____

   _____

10. ¿Quién de tu familia saca buenas fotografías? _____

    _____

11. ¿A quién buscas cuando deseas consejo (*advice*)? _____

    _____

V. Buscapalabras

The following puzzle contains sixteen words related to music and musical instruments. They come from the dialogue and the vocabulary sections of Lección 11.

```
S  A  N  T  E  T  O  C  R  A  L  O  M  U  S
O  R  C  A  N  E  R  A  Y  A  S  N  E  N  E
M  A  R  I  M  B  A  O  C  V  U  M  T  O  T
P  R  O  G  R  A  M  A  M  A  S  I  O  S  R
A  G  O  T  I  B  D  F  E  P  G  H  I  O  A
M  U  T  A  E  O  Q  U  E  R  E  O  U  P  N
R  I  N  B  G  T  V  E  L  L  U  T  O  N  A
O  T  A  F  U  R  R  G  R  E  B  A  A  O  P
H  A  C  I  L  G  D  A  F  R  H  U  A  E  A
P  R  I  M  A  A  E  D  U  O  D  T  U  D  N
I  R  M  A  P  O  U  N  S  C  H  E  I  R  I
A  A  B  N  S  T  W  T  D  X  O  N  Z  O  S
N  E  W  S  O  A  C  I  A  N  M  O  R  C  T
O  R  T  E  M  U  S  I  C  A  R  R  P  A  E
R  T  O  C  A  R  E  T  A  T  I  O  N  S  A
D  A  R  T  O  N  O  T  I  R  A  B  R  T  S
```

acordeón	flauta	piano
barítono	guitarra	programa
canto	himno	tenor
cuarteto	marimba	tocar
duo	música	trompeta
ensayar		

Lección 12 ▲▲▲▲▲▲▲▲▲▲▲▲▲▲▲▲▲▲▲▲▲▲▲▲▲▲▲▲▲▲▲▲▲▲▲▲▲▲▲

I. Vocabulario

A. *Escriba la forma correcta del verbo entre paréntesis.*

1. La clase _____ a las diez. (terminar)

2. Nosotros no _____ su problema. (mencionar)

3. Yo siempre _____ mis llaves. (olvidar)

4. El gobernador _____ a los senadores por su buena política. (felicitar)

5. Tú _____ practicar tu lección de piano. (necesitar)

6. Mamá _____ la comida para la familia. (preparar)

7. Yo _____ al Señor todos los días. (orar)

8. Nosotros _____ a Dios por sus muchas bendiciones. (alabar)

9. Uds. _____ su parte del programa antes del sermón. (terminar)

10. Los oficiales _____ las medallas de oro, plata y bronce a los atletas olímpicos. (presentar)

B. *Responda a las preguntas con oraciones completas.*

1. ¿Quién prepara las comidas en tu casa? _____

   _____

2. ¿A qué hora termina tu clase de español? _____

   _____

3. ¿Qué olvidas frecuentemente (*-mente = -ly*)? _____

   _____

4. ¿Quién presenta los diplomas en tu escuela? _____

   _____

5. ¿Con quién hablamos cuando oramos? _____

   _____

6. ¿Qué cosas necesitas cuando estudias? _____

   _____

C. *Asociaciones. ¿Qué verbo asocia Ud. con las cosas siguientes?*

orar	olvidar	predicar	alabar
presentar	necesitar	felicitar	

1. un sermón: _____

2. aire, agua, comida; ropa, una casa, dinero; una buena educación: _____

3. una experiencia mala: _____

4. ¡Muy bien! ¡Excelente! ¡Tremendo!: _____

5. regalos, diplomas, medallas de oro: _____

6. ¡Qué bueno es el Señor! ¡Gracias a Dios! ¡Gloria a Dios!: _____

7. "Padre celestial, gracias por tus bendiciones . . . Amén": _____

II. Usos del infinitivo

A. Escriba la forma correcta del verbo entre paréntesis.

1. Es necesario _____ para tener dinero. (trabajar)

2. Ernesto _____ que estudiar inglés. (tener)

3. Dorís _____ sacar buenas notas. (desear)

4. No me _____ estudiar en la sala. (gustar)

5. Necesitamos _____ el canto para el domingo. (practicar)

6. _____ bueno hablar con el Señor todos los días. (ser)

7. ¿No tienes que _____ para el examen? ¡Qué cosa! (estudiar)

8. Es importante _____ la pronunciación. (practicar)

9. Yo _____ que llegar a tiempo a la clase. (tener)

10. ¿ _____ posible comprar ropa buena en Wal-Mart? (ser)

B. ¿Cuál es su opinión? Identifique dos actividades que le gustan y dos que no le gustan. Use cuatro verbos diferentes. Siga el modelo.

Modelo: Me gusta cantar en el coro.
No me gusta preparar las tareas.

1. _____
2. _____
3. _____
4. _____

C. Comentarios y opiniones impersonales. Exprese opiniones impersonales acerca de cuatro actividades. Use cuatro verbos diferentes. Siga el modelo.

Modelo: Es difícil estudiar en el gimnasio.

1. _____
2. _____
3. _____
4. _____

D. Actividades obligatorias. Relate tres cosas que Ud. u otra persona tiene que hacer (hacer = to do). Use tres verbos diferentes. (Hint: Do not use hacer.)

1. _____
2. _____
3. _____

E. Escriba el verbo más lógico.

1. Pedro es alumno en la escuela secundaria. Tiene que _____ mucho.

(hablar, comprar, estudiar)

2. Ana María está en el coro de la iglesia. Tiene que _____ a las cinco.

   (tomar, practicar, jugar)

3. Es importante _____ para sacar notas buenas.

   (cantar, estudiar, llegar)

4. ¿Te gusta _____ un examen? (llegar, tomar, estudiar)

5. No es posible _____ en la casa porque no tengo la llave.

   (entrar, ganar, comprar)

III. Palabras afirmativas y negativas

Responda negativamente a las preguntas. Use las palabras **nada, nunca, nadie, ninguno(a).**

1. ¿Siempre tocas la guitarra en la iglesia? _____

   _____

2. ¿Está alguien a la puerta? _____

3. ¿Siempre predicas en la iglesia los miércoles? _____

   _____

4. ¿Hay algunos dulces en la mesa? _____

   _____

5. ¿Hay algo en el pesebre? _____

6. ¿Hay estrellas en el árbol de Navidad? _____

   _____

7. ¿Quién tiene un estéreo? _____

8. ¿Hay alguien en la casa? _____

9. ¿Qué tienes en el bolsillo? _____

10. ¿Siempre olvidas el nombre de tu mejor amigo? _____

    _____

 **Capítulo Seis**

Lección 13 ▲▲▲

I. Vocabulario

A. *Responda con oraciones completas.*

1. ¿Llegas a la escuela en motocicleta?¿Cómo llegas? _____
_____

2. ¿Tiene autobús tu escuela? _____
_____

3. ¿Cuánto cuesta tu libro de español? _____
_____

4. ¿Es barato o caro un BMW? _____

5. ¿Cuál es tu almacén favorito? _____
_____

6. ¿Van Uds. a la iglesia en taxi? ¿Cómo van? _____
_____

7. ¿Qué cosas compran Uds. durante (*during*) ventas especiales? _____
_____

8. ¿Qué es un buen precio para un collar de oro? _____
_____

B. *Descripciones. Escriba la palabra del vocabulario que corresponde a la descripción.*

1. Lo contrario de barato: _____

2. *J. C. Penney, Sears, Macy's:* _____

3. Indica cuánto cuesta una cosa: _____

4. Un grupo de muchas tiendas en un lugar: _____

5. Actividad especial que una tienda tiene para sus clientes: _____
_____

6. La persona que compra algo de una tienda o un almacén: _____

7. La persona que trabaja en una tienda o un almacén: _____

8. Cuesta muy poco: _____

II. El verbo *ir*

***¿Adónde van todos? Escriba la forma correcta de* ir.**

1. Rosa y Patricia _____ al museo.

2. Pedro y yo _____ al almacén para comprar un reloj.

3. Tú _____ a la casa de tu abuela.

4. Sara _____ a una venta especial en su tienda favorita.

5. Yo _____ al aeropuerto para llevar a mi hermano.

6. Ud. _____ con su familia al concierto.

III. Verbos

Escriba la forma correcta del verbo entre paréntesis.

1. En Latinoamérica, las mujeres _____ al mercado temprano. (ir)

2. Beto y Chele _____ tarjetas en el almacén. (comprar)

3. Tomás _____ a la escuela todos los días. (ir)

4. Carmen y José _____ a la iglesia en el metro. (ir)

5. Tomás y yo _____ en la misma clase. (estar)

6. Yo _____ a una escuela cristiana. (ir)

7. La congregación _____ una ofrenda (*offering*) especial el domingo. (dar)

8. Los maestros aquí _____ muchos exámenes a sus estudiantes. (dar)

9. Yo _____ una fiesta en mi casa. (dar)

10. Mis hermanos y yo _____ a la casa de nuestra abuela. (ir)

IV. Estar + participio

A. Actividades en progreso. Escriba los verbos en el presente progresivo. Siga el modelo.

Modelo: Mario / hablar por teléfono
         Mario está hablando por teléfono.

1. Diana / buscar su perro _____

   _____

2. Yo / tomar café _____

   _____

3. Los hermanos Ruiz / estudiar francés _____

   _____

4. Nosotros / cantar en el coro del colegio _____

   _____

5. Usted / sacar una foto _____

   _____

6. Roberto y yo / comprar un carro _____

   _____

7. Tú / esperar a tus amigos _____

   _____

8. Yo / mirar la televisión

_____

_____

B. ***The present progressive is for action in progress at a given moment. After reading the following sentences, decide if each verb in italics could be changed to the present progressive without affecting the meaning of the sentence. Make only the changes that seem logical.***

1. Yo *estudio* en este momento. _____

2. Nicoleta y Silvia *preparan* la comida en la cocina. _____

3. Yolanda y yo *practicamos* juntas todos los días. _____

4. Ese señor siempre *llega* a las seis. _____

5. Ahora *hablo* con mi amigo por teléfono. _____

6. Mamá *busca* mi suéter porque yo voy al parque pronto. _____

Lección 14 ▲▲▲▲▲▲▲▲▲▲▲▲▲▲▲▲▲▲▲▲▲▲▲▲▲▲▲▲▲▲▲▲▲▲▲▲▲▲

I. Vocabulario

Asociaciones. ¿En qué tipo de publicación se encuentran los siguientes?

1. Sherlock Holmes: _____

2. Las Naciones Unidas, La Arabia Saudita, el reporte de Wall Street, los deportes, *Dear Abby*: _____

3. Fotos de personas famosas, artículos de la moda, información técnica: _____
   _____

4. Una heroína romántica: _____

II. Verbos que terminan en -er

A. Escriba la forma correcta del verbo entre paréntesis.

1. Yo nunca _____ en un restaurante sucio. (comer)

2. Mi papá siempre _____ el periódico cuando llega a casa por la tarde.
   (leer)

3. Mi hermano y yo no _____ siempre a nuestros padres, pero él
   y yo _____ que (ellos) _____ padres buenos.
   (comprender / creer / ser)

4. En la clase de francés los alumnos _____ a hablar francés.
   (aprender)

5. Tú no _____ café, ¿verdad? (beber)

6. El almacén *Sears* _____ de todo un poco. (vender)

B. Responda a las preguntas con oraciones completas.

1. ¿Beben tus padres café por la mañana?
   _____

2. ¿Quién en tu clase comprende el álgebra?
   _____

3. ¿Crees tú en el Señor Jesucristo?
   _____

4. ¿Qué novela leen Uds. en la clase de literatura?
   _____

5. ¿En qué clase aprendes de *la Declaración de Independencia*?
   _____

6. ¿Dónde come tu profesor(a), en la cafetería o en su oficina?
   _____

7. ¿Venden tus padres su casa?
   _____

C. Escriba en el espacio el verbo más lógico.

1. Susana está en España. No _____ mucho, pero _____ el periódico un poco. (leer, ver, comprender)

2. Marta está en el restaurante. _____ tortillas y _____ una Pepsi-Cola. (comer, explicar, beber)

3. Los chicos tienen un apetito enorme. _____ todo lo que _____ en la mesa. (ver, vender, comer)

4. Marcos _____ periódicos y revistas. Su papá _____ el periódico todos los días. (vender, leer, comer)

5. Mi hermano _____ en una estación de servicio. _____ gasolina. (trabajar, vender, ver)

6. ¿ _____ los alumnos cuando el profesor _____ la teoría de la relatividad de Alberto Einstein? (comprender, vender, explicar)

7. Yo no _____ por qué tú no _____ tener una computadora. (comprender, desear, aprender)

D. El presente progresivo. Escriba la forma correcta del verbo.

Modelo: Jaime / beber / una Pepsi
Jaime está bebiendo una Pepsi.

1. Yo / aprender / los verbos _____

_____

2. Mi papá / leer / el periódico _____

_____

3. Mi familia y yo / comer / en un restaurante mexicano _____

_____

4. Uds. / leer / una novela de aventuras _____

_____

5. ¿Tú / vender / mis tarjetas de béisbol? _____

_____

E. Definiciones. ¿Qué verbos -er corresponden a las definiciones?

1. mirar y comprender palabras en papel: _____

2. similar a mirar: _____

3. resulta de estudiar y memorizar: _____

4. tomar agua, café u otros líquidos: _____

5. tener una opinión fuerte; tener fe: _____

6. contrario de comprar: _____

7. tener comprensión: _____

III. El verbo *ver*

Escriba la forma correcta del verbo ver.

1. Roberta y Felipe _____ un carro moderno.

2. Uds. y yo _____ muchos libros nuevos en la tienda.

3. Yo _____ que tú no comprendes el problema.

4. Mi amigo no _____ ninguna revista de interés.

5. ¿ _____ (tú) el collar en el mostrador?

6. Vamos a _____ qué revistas venden aquí.

7. ¿ _____ Uds. la ciudad de Cali en el mapa?

8. Yo no _____ por qué tienes que estudiar ahora.

IV. Hace + tiempo + que

¿Cuál es la pregunta? Escriba la pregunta para cada respuesta.

1. Hace un año que estudio aquí en esta escuela. _____
   _____

2. Hace muchos años que mis padres tienen nuestra casa. _____
   _____

3. Hace cinco años que voy a la misma (*same*) iglesia. _____
   _____

4. Hace más o menos un semestre que aprendemos español. _____
   _____

5. Hace una semana que el maestro enseña la Lección 14. _____
   _____

Lección 15 ▲▲

I. Vocabulario

¡Feliz Navidad! *Hidden in the puzzle are twenty words and phrases related to Christmas.*

```
L  A  N  O  C  H  E  B  U  E  N  A  V  I  D  E  A  S  O  A
N  P  E  S  E  B  R  E  T  O  N  E  L  L  A  N  D  R  R  E
W  E  J  O  E  L  O  I  S  F  E  L  N  A  T  A  O  B  N  O
L  L  I  D  I  A  N  D  A  I  R  A  M  Y  E  S  O  J  C  H
A  N  A  L  L  E  R  T  S  E  R  L  E  S  N  L  J  O  N  A
N  I  N  D  B  E  T  M  A  T  M  I  C  E  D  D  A  V  U  O
N  Ñ  G  E  S  B  E  L  E  N  C  L  I  E  A  U  U  D  I  J
O  O  E  A  N  E  L  O  F  L  A  C  N  W  S  O  L  N  V  O
N  J  L  D  A  B  L  A  N  C  N  A  H  E  A  A  U  C  R  O
G  E  E  R  A  D  Y  H  O  I  V  L  L  I  S  M  C  O  E  O
S  S  S  R  E  V  A  D  A  I  M  I  E  R  L  E  E  R  E  S
O  U  B  A  R  U  B  T  D  H  E  P  L  M  A  S  S  A  R  A
G  S  L  I  R  E  G  A  L  O  S  N  O  L  A  D  A  R  L  E
A  N  E  H  E  L  D  E  N  E  J  O  E  S  A  M  Y  E  U  N
M  I  C  E  U  D  E  N  R  E  V  E  L  A  C  N  A  M  S  F
S  Ñ  R  I  M  E  A  O  N  D  T  S  U  P  R  E  C  C  O  H
E  I  U  R  T  R  T  U  L  I  A  N  G  I  N  F  A  I  V  E
Y  S  O  R  O  S  F  R  O  E  R  V  E  R  S  W  A  D  C  R
E  U  E  S  A  O  U  T  E  K  J  E  Ñ  E  O  C  O  N  O  O
R  T  B  P  U  S  Q  U  A  B  E  U  C  H  A  P  E  R  O  D
S  E  S  B  E  N  G  A  L  I  T  T  O  D  O  S  S  T  I  E
O  O  L  E  N  A  C  H  H  E  A  I  L  E  T  H  E  L  R  S
L  R  E  M  I  R  R  A  D  T  S  A  N  A  P  M  A  C  H  E
V  O  N  R  E  A  D  Ñ  O  Q  U  E  S  T  O  A  L  L  O  R
```

Words in the puzzle:

el Niño Jesús	incienso
José y María	mirra
Belén	la Nochebuena
Herodes	campanas
pesebre	villancico
los reyes magos	tarjetas
los pastores	regalos
estrella	luces
ángeles	dulces
oro	árbol de Navidad

II. Los verbos *-ir*

A. *Escriba la forma correcta del verbo entre paréntesis.*

1. El banco _____ a las ocho. (abrir)

2. Muchas personas _____ a nuestro programa de Navidad. (asistir)

3. Yo _____ con mis padres. (vivir)

4. Nosotros tenemos que _____ una composición para la clase de español. (escribir)

5. Para llegar a mi cuarto (tú) _____ al segundo piso. (subir)

6. Mi pastor _____ artículos para el periódico local. (escribir)

7. El médico no _____ en el hospital; sólo trabaja allí. (vivir)

8. Durante los primeros años, Jesús, María y José _____ en Egipto. (vivir)

B. *Responda a las preguntas.*

1. ¿Dónde viven Uds.? _____

2. ¿Qué escribes en este momento? _____

3. ¿A quién escribes cartas? _____

4. ¿A qué hora abren las puertas de la escuela? _____

   _____

5. ¿Permite comida en la clase tu maestro? _____

   _____

6. ¿Qué ocurre en tu casa el 25 de diciembre? _____

   _____

III. El verbo *venir*

Escriba la forma correcta de venir.

1. Mis abuelos _____ a nuestra casa el 24 de diciembre.

2. Toda la familia _____ para la Nochebuena.

3. Tengo regalos para cuando _____ mis tíos.

4. Nadie _____ a la escuela durante las vacaciones.

5. Nosotros no _____ tarde a la clase.

6. Mi papá _____ a casa a las seis de la tarde.

7. Mis hermanos _____ a las cinco.

8. Carlota y Andrea _____ esta noche a la fiesta.

9. ¿No _____ tú con ellas?

10. ¿_____ Uds. a la clase con sus libros?

IV. Los pronombres *lo, la, los, las*

A. *Convierta en pronombres los sustantivos del objeto directo.*

Modelo: Escribo la composición.
　　　　La escribo.

1. Miro el cuaderno. _____

2. Escuchamos la música. _____

3. Diego Velázquez pinta los retratos (*portraits*) de la familia real (*royal*). _____

   _____

4. Uds. no escriben cartas nunca. _____

5. Tengo el dinero en mi bolsillo. _____

6. Enrique no tiene su dirección. _____

7. Yo siempre olvido el número de teléfono. _____

8. Comemos las enchiladas. _____

9. Tú bebes café, ¿no? _____

10. Uds. practican los villancicos a las seis. _____

   _____

B. *Responda a las preguntas. Use los pronombres del objeto directo en sus respuestas.*

Modelo: ¿Crees la información en el periódico?
　　　　Sí, la creo. / No, no la creo.

1. ¿Ven Uds. las estrellas? _____

2. ¿Escribe Ud. tarjetas de Navidad? _____

3. ¿Quién tiene la motocicleta, tú o Gonzalo? _____

4. ¿Desean Uds. el periódico? _____

5. ¿Tienes mis plumas? _____

6. ¿Quién prepara el almuerzo en tu casa, tú o tu mamá? _____

   _____

7. ¿Quién tiene las llaves de mi carro, José o tú? _____

8. ¿Tienes tu Biblia hoy? _____

9. ¿Necesitan Uds. el diccionario en la clase? _____

   _____

10. ¿Invitas a tus amigos a la iglesia? _____

V. Los pronombres con el infinitivo

A. *Each time Pedro says something, his sister asks him if it is really true. Play the part of his sister and ask questions like the ones in the model.*

Modelo: Voy a leer un libro.
　　　　—¿Es verdad que vas a leerlo?
　　　　Tengo que escribir una carta.
　　　　—¿Es verdad que tienes que escribirla?

1. Voy a comprar un reloj. _____

_____

2. Necesito tomar un refresco. _____

_____

3. Deseo visitar a mi novia. _____

_____

4. Voy a llamar a mis amigos. _____

_____

5. Tengo que estudiar mis versículos. _____

_____

6. Voy a abrir las ventanas. _____

_____

7. Tengo que comprar los regalos de Navidad. _____

_____

8. Voy a vender mi bicicleta. _____

_____

9. Tengo que escribir la composición. _____

_____

10. Voy a invitar al presidente a mi fiesta. _____

_____

B. *Responda en oraciones completas y con el pronombre del complemento directo. Note la posición del pronombre.*

Modelo: ¿Quién va a abrir la puerta, la profesora?
—Sí, la profesora la va a abrir.

1. ¿Quién va a comprar tu bicicleta? ¿Samuel? _____

_____

2. ¿Tienes que leer el libro esta semana? _____

_____

3. ¿Cuándo vas a llamar a María? ¿Hoy o mañana? _____

_____

4. ¿Estás mirando la televisión? _____

_____

5. ¿Están Uds. leyendo el periódico? _____

_____

6. ¿Vas a visitar a tus abuelos para la Navidad? _____

_____

7. ¿Quién va a cerrar la puerta, tú o el maestro? _____

_____

8. ¿Quién vende helados, el Sr. Ramos? _____

_____

9. En tu casa, ¿quién come pizza? _____

_____

10. ¿Comprendes la lección? _____

_____

Capítulo Siete

Lección 16 ▲▲▲

I. Vocabulario

Los meses del año. ¿Qué mes se asocia con el día especial?

Horizontal

3. el Día de los Trabajadores
5. el Día de San Patricio
7. el Día de la Hispanidad (Colón llega a América.)
9. las temperaturas más altas del verano
10. la Navidad

Vertical

1. el Día de Acción de Gracias en los Estados Unidos
2. el Día de los Enamorados (San Valentín)
4. el Día de los Padres
5. el Día de las Madres
6. el Día de la Independencia en los Estados Unidos
8. el Año Nuevo
9. temporada de lluvia

II. ¿Cuál es la fecha de hoy?

Mire los ejemplos:

Hoy es *el primero* de abril. Hoy es *el catorce* de febrero.
Hoy es *el dos* de mayo. Hoy es *el veinticinco* de diciembre.
Hoy es *el cuatro* de julio. Hoy es *el treinta y uno* de enero.

En español las abreviaturas para indicar el día y el mes se escriben así:

1 / IV = el primero de abril 25 / XII = el veinticinco de diciembre
4 / VII = el cuatro de julio

A. ¿Cuál es la fecha? Escriba el día y el mes indicados por las abreviaturas.

1. 5 / IX _____

2. 1 / I _____

3. 12 / VI _____

4. 8 / XI _____

5. 31 / X _____

6. 1 / VIII _____

7. 28 / II _____

8. 9 / VII _____

9. 6 / XII _____

10. 15 / III _____

B. Responda a las preguntas.

1. ¿Cuál es la fecha de tu cumpleaños?

   _____

2. ¿Cuál es la fecha de hoy?

   _____

3. ¿Cuál es la fecha del Día de la Independencia?

   _____

4. ¿Cuál es la fecha del Día de Acción de Gracias este año?

   _____

5. ¿Cuál es la fecha del Día de la Hispanidad (*Columbus Day*)?

   _____

III. El verbo *hacer*

¿Dónde está, y qué hace? Escriba la forma correcta de estar en el primer espacio y la forma correcta de hacer en el segundo espacio de cada oración.

1. Paco _____ con su amigo Ricardo. Ellos _____ planes para el

   sábado.

2. Irene _____ en México. _____ un viaje a Colombia el martes.

3. Los tres chiflados (*stooges*) _____ en el laboratorio de química.

   _____ muchos errores.

4. Yo _____ en mi cuarto. _____ mi tarea para mañana.

5. Tú _____ en casa. _____ tu cama.

IV. El tiempo y las estaciones

¿Qué tiempo hace?

_____ _____ _____

_____ _____ _____

V. Expresiones con *tener*

Escriba una expresión con tener *en el espacio.*

1. Son las once de la noche. Esteban _____. Va a la cama.

2. Diego _____. Va a comer una pizza.

3. Yo _____. Tengo ganas de tomar una Pepsi.

4. La temperatura está a 95° F. Los jóvenes _____.

5. Hoy es el cumpleaños de mi hermana. _____ diez años.

VI. Ir + a + infinitivo

A. *Escriba oraciones que indican eventos futuros.*

Modelo: Horacio / cantar / en el coro
   Horacio va a cantar en el coro.

1. David / hablar / con sus abuelos en Chicago _____

_____

2. Yo / ir / a la playa _____

3. Uds. / hacer / las camas _____

4. Patricio y Eduardo / subir / una montaña _____

_____

5. Mi amigo y yo / asistir a / un concierto de música sagrada (*sacred*). _____

_____

B. *Relate sus planes para el futuro. Escriba cinco oraciones usando cinco verbos diferentes. Mencione los planes de Ud., su familia y sus amigos.*

Modelo: Hoy Tomás va a practicar la trompeta por dos horas.

1. _____
2. _____
3. _____
4. _____
5. _____

VII. El verbo *decir*

A. *Escriba la forma correcta de* decir.

1. ¿Qué _____ tú del nuevo presidente?

2. Marisa no _____ nada acerca de su novio.

3. Mis padres _____ que no tienen dinero para un carro nuevo.

4. El pastor _____ el plan de salvación cuando predica.

5. Yo siempre _____ que es bueno comer mucha, mucha pizza.

6. La temperatura está a 20 grados F. Nicolás _____.

B. *Read the following passages. Then tell who the speaker is.*

Modelo: I Juan 4:8. Dios es amor. (Juan)
Juan dice que Dios es amor.

1. Mateo 1:21 El nombre del niño es Jesús porque él salvará a su pueblo de sus pecados. (el ángel)

_____

_____

2. Lucas 2:52 Jesús crecía (*grew*) en gracia para con Dios y los hombres. (Lucas)

_____

_____

3. Mateo 16:16 Jesús es "el Hijo del Dios viviente". (Pedro)

_____

_____

4. Romanos 6:23 La dádiva (*gift*) de Dios es vida eterna en Cristo Jesús. (Pablo)

_____

_____

5. Salmo 14:1 El necio (*fool*) dice que no hay Dios. (David)

_____

_____

VIII. Repaso

A. *Lea la situación. Luego decida qué frase es el comentario más lógico.*

1. Margarita tiene catorce años. Es estudiante del Colegio Bautista de Hato Mayor. Va a hacer un viaje a Nueva York para visitar a sus primos.

    A. Margarita estudia francés en el colegio.

    B. Los padres de Margarita tienen un automóvil Yugo.

    C. Margarita va a ir en avión.

2. Los estudiantes de la Academia de la Fe escriben cartas a jóvenes cristianos en muchos países de Latinoamérica.

    A. Los estudiantes reciben cartas de Inglaterra, Francia y Alemania.

    B. Los estudiantes contestan las cartas que reciben.

    C. Hace tiempo que los estudiantes conversan en español.

3. Ángela vive en Miami. En enero, va a visitar a sus abuelos que viven en Chicago. Hace frío en Chicago.

    A. Ramona le va a prestar a Ángela un abrigo de invierno.

    B. Ángela tiene que contestar la carta de Ramona.

    C. Ángela es cubana.

4. Pablo y Tomás están en la casa de los misioneros en Cuernavaca, México. Están ayudándolos en la iglesia.

    A. Pablo y Tomás viajan a Sudamérica.

    B. Pablo y Tomás están haciendo sus maletas.

    C. Pablo y Tomás conversan con los jóvenes y enseñan clases en la escuela dominical.

5. Joanne Jones es misionera en la República Dominicana. Hace cuatro años que vive en San Cristóbal. Unas veinticinco personas están en su clase bíblica los domingos.

    A. Cristóbal Colón llega a Santo Domingo en 1492.

    B. Dios está bendiciendo las clases.

    C. Los misioneros escriben muchas cartas.

Lección 17 ▲▲

I. Repaso de los pronombres del objeto directo en la tercera persona

Responda a las preguntas usando los pronombres del objeto directo.

Modelo: ¿Dónde compras las revistas?
　　　　Las compro en el almacén.

1. ¿Abres la ventana de tu cuarto por la noche?

_____

2. ¿Cuándo haces las tareas de la clase de español?

_____

3. ¿Invitas a tus amigos a la iglesia?

_____

4. ¿A quién espera Pedro después de la clase? ¿Espera a Elisabet?

_____

5. ¿Llamas por teléfono a tus padres cuando llegas tarde a casa?

_____

6. ¿A quién vas a invitar a la fiesta? ¿A Roberto?

_____

7. ¿Tienes que ayudar a tu papá el sábado?

_____

8. ¿Dónde vas a comprar tu boleto de avión?

_____

9. ¿Es verdad que deseas vender tu bicicleta?

_____

10. ¿Quién en tu familia va a sacar las fotos durante el viaje?

_____

II. Los pronombres *le, les*

Fill in each blank with the correct indirect object pronoun. Remember that the indirect object is already named elsewhere in the sentence and will be repeated in the pronoun you add.

Modelo: _____*Le*_____ escribo una carta *a mi abuela*.

1. Carlos _____ presta dinero *a su hermano*.

2. Para su cumpleaños _____ voy a comprar *a Diana* una Biblia.

3. Mi amigo Timoteo _____ vende su moto *a Felipe*.

4. _____ doy mis novelas *a Laura y Cintia*.

5. Mi familia y yo vamos a enviar _____ un paquete *a los misioneros* en

España.

III. Los pronombres *me, te, nos*

A. *Escriba el pronombre o el verbo en la forma correcta para completar cada diálogo.*

Modelo: ¿Me escribes una carta?

—Sí, _____*te*_____ escribo mañana.

¿Me das la revista?

—Sí, te _____*doy*_____ la revista en el aeropuerto.

1. ¿Me llamas por teléfono?

   —Sí, _____ llamo esta noche.

2. ¿Me vendes tu bicicleta este verano?

   —No, yo no _____ vendo mi bicicleta este verano.

3. ¿Dónde me esperan Uds.?

   — _____ esperamos delante del mostrador.

4. ¿Me compras una maleta nueva?

   —Sí, te _____ una maleta porque la necesitas.

5. ¿Me presta Ud. su cámara para el viaje?

   —Sí, te _____ la cámara hoy.

6. ¿Me ayudan Uds. con las tareas?

   —Bueno, te _____ después de la cena.

7. ¿Vas a darme el dinero que necesito?

   —Sí, voy a dar _____ el dinero ahora.

8. ¿Te llama Marcos por teléfono de noche?

   —No, no _____ llama por telefono de noche.

9. ¿Te escribe cartas Marcos?

   — Sí, _____ escribe cartas.

10. ¿Cuándo vamos a buscarte?

    —Uds. van a buscar _____ a las seis.

B. *Responda a las preguntas usando los pronombres del objeto directo o indirecto.*

1. ¿Quién te presta dinero siempre?

   _____

2. ¿Dónde vas a esperarme? ¿en la sala de espera o a la puerta de salida?

   _____

3. ¿Te escriben cartas tus amigos?

   _____

4. ¿Quiénes te dan regalos en Navidad?

   _____

Lección 18 ▲▲

I. Buscapalabras

```
C  A  L  O  I  A  M  S  E  S  Q  U  I  O  L  R  A  C  R
O  D  A  N  O  I  C  I  F  A  I  Q  L  L  I  M  I  N  O
N  A  N  O  S  A  E  N  D  L  E  S  O  J  T  N  E  C  D
D  R  E  W  S  B  A  L  O  N  C  E  S  T  O  I  O  L  A
Q  F  Y  N  O  T  L  E  I  N  A  D  A  N  I  D  Y  L  G
U  U  E  S  A  R  L  R  D  A  H  E  A  E  N  B  A  O  U
C  T  N  C  O  S  R  E  E  D  N  C  A  E  T  E  T  B  J
L  B  I  E  Y  T  P  S  I  G  I  M  N  A  S  I  A  I  H
D  O  O  E  H  O  T  Y  D  R  D  E  P  T  E  S  N  E  A
N  L  A  D  R  D  N  A  E  E  C  Y  A  O  J  B  E  L  O
M  I  T  T  N  A  S  M  U  S  M  O  R  T  S  O  A  O  L
H  A  E  R  A  S  A  L  E  H  C  A  T  R  Y  L  H  V  O
N  A  I  D  D  L  O  B  I  L  O  V  I  N  A  N  N  Y  L
J  H  T  E  O  B  A  Z  I  L  P  E  D  A  T  L  E  T  A
M  A  Y  B  M  E  R  E  J  E  I  C  O  A  L  L  A  W  E
E  S  T  E  N  I  S  B  E  R  U  T  H  A  J  I  M  B  U
T  U  E  N  A  J  A  I  N  I  Q  G  R  I  V  S  I  R  R
F  J  D  T  U  B  M  I  J  D  E  P  O  R  T  I  V  O  M
```

A. *Encuentre los siguientes términos del vocabulario relacionados a los deportes:*

aficionado	fútbol
atleta	fútbol americano
baloncesto	gimnasia
béisbol	jugador
deporte	natación
deportivo	partido
equipo	tenis
esquí	voleibol

B. *¿En qué deporte se usan estas cosas?*

1. _____ 2. _____ 3. _____

4. _____ 5. _____

6. _____ 7. _____

8. _____

II. El verbo *gustar*

A. *Escriba* gusta *o* gustan *en los espacios siguientes.*

1. Me _____ el béisbol.

2. ¿No te _____ los deportes?

3. ¿Qué jugadores te _____ este año?

4. Me _____ jugar al baloncesto.

5. Me _____ estudiar y escuchar música.

6. ¿Te _____ la pizza?

B. *¿Cuál es su reacción? Usando la forma correcta de* gustar, fascinar *y* molestar *exprese su reacción a las cosas siguientes.*

Modelo: las cucarachas
     Me molestan las cucarachas. (o)
     ¡Me fascinan las cucarachas!

1. comer brócoli

_____

2. los carros japoneses

_____

3. comprar ropa elegante

_____

4. los gatos

_____

5. el arte moderno

_____

6. los deportes de equipo

_____

7. leer el periódico

_____

III. Otro uso del artículo definido

Escriba el artículo definido, el *o* la, *si es necesario.*

1. Tenemos clases _____ lunes.

2. ¿Te gustan _____ clases grandes?

3. Voy a comprarme _____ dulces.

4. ¿Te molestan _____ perros?

5. _____ chicas son complicadas.

6. No tomo _____ café.

7. Me fascinan _____ juegos olímpicos.

IV. El verbo *jugar*

¿Quién juega qué? Usando la forma correcta de **jugar,** *identifique el deporte que juegan las personas siguientes.*

Modelo: Darryl Strawberry
           Darryl Strawberry juega al béisbol.

1. Chris Evert _____

2. los *Rams* _____

3. los *Braves* _____

4. yo _____

5. mis amigos y yo _____

6. los *Globetrotters* _____

7. Pelé _____

8. mi equipo favorito _____

V. El verbo *tocar*

A. ¿Quién toca qué instrumento? Complete las oraciones con la forma correcta de tocar.

1. James Galway / la flauta _____

2. Midori / el violín _____

3. Andrés Watts y Van Cliburn / el piano _____

4. Yo Yo Ma / el violoncello _____

5. Yo _____

6. Christopher Parkening / la guitarra _____

7. Maurice André / la trompeta _____

B. Responda a las preguntas.

1. ¿Cuál es tu deporte favorito?

   _____

2. ¿Qué deportes juegan Uds. en su escuela?

   _____

3. ¿Tocas un instrumento? ¿Cuál?

   _____

4. ¿Quiénes en tu familia tocan un instrumento? ¿Cuál?

   _____

5. ¿Quiénes de tus amigos juegan a un deporte? ¿Cuál?

   _____

VI. El verbo *saber*

A. Escriba la forma correcta de saber.

1. Yo no _____ tocar el piano.

2. El profesor _____ tocar la guitarra.

3. Los alumnos de la clase de español _____ hablar un poco de español.

4. ¿Qué _____ tocar tú?

5. Pedro y yo no _____ jugar al voleibol.

6. ¿Ud. _____ tocar el trombón?

B. ¿Qué sabe hacer? Relate tres cosas que Ud. sabe hacer. Use tres verbos diferentes.

Modelo: Yo sé tocar el piano.

1. _____

2. _____

3. _____

C. *Relate tres cosas que Ud. o alguien en su familia no sabe hacer. Use tres verbos diferentes.*

1. _____

2. _____

3. _____

Capítulo Ocho

Lección 19 ▲▲

I. Los verbos *salir, poner*

Escriba la forma correcta del verbo entre paréntesis.

1. Yo _____ de la escuela a las tres y media. (salir)

2. Mis hermanos _____ a las tres. (salir)

3. Cuando llego a casa _____ mis libros en la mesa. (poner)

4. A las cuatro y media yo _____ para la tienda de mi papá para ayudarlo. (salir)

5. ¿A qué hora _____ de tu última clase? (salir)

6. ¿Dónde _____ tu dinero? ¿en el banco? (poner)

7. Los domingos a las nueve de la mañana, yo _____ con mi familia a la iglesia. (salir)

8. Antes de salir de casa, yo _____ mi cartera en el bolsillo. (poner)

9. En la clase de historia, el maestro _____ las fechas importantes en la pizarra. (poner)

10. Nosotros _____ de la iglesia al mediodía. (salir)

II. Los verbos *traer, oír*

Escriba la forma correcta del verbo entre paréntesis.

1. Jacinta _____ su cuaderno a la clase, pero yo no lo _____ porque no lo necesito hoy. (traer)

2. Yo _____ música de Bach en la radio, pero Ud. no la _____ porque no tiene la estación correcta. (oír)

3. Lisa y Gilberto _____ refrescos a la fiesta, pero yo _____ helado. (traer)

4. Mario y Santiago _____ a la profesora explicar la lección, pero tú no la _____ porque no estás en la clase. (oír)

5. Uds. _____ las pelotas al partido de béisbol. Yo _____ los bates y los guantes. (traer)

III. Los verbos *conocer, obedecer*

Escriba la forma correcta del verbo indicado en cada sección.
Conocer

1. Yo _____ a un misionero en Venezuela.

2. Nosotros no _____ al nuevo pastor de la iglesia.

3. Los alumnos de la clase _____ a toda la familia Rodríguez.

4. Pedro _____ a todos los jóvenes de nuestra clase.

5. Yo no _____ México, pero _____ a muchos mexicanos.

Obedecer

1. Nosotros _____ las reglas (*rules*) de la escuela.

2. Yo _____ a mis maestros también.

3. Un buen hijo _____ a sus padres.

4. En la Biblia leemos de hombres que _____ a Dios.

5. ¿ _____ tú a Dios?

IV. Verbos con cambios c→z

Ofrecer

1. A la persona que llega a mi casa le _____ una taza de café.

2. Si ves una persona con problemas, ¿le _____ ayuda?

Conducir

1. Yo _____ un Buick.

2. Y tú, ¿qué carro _____ ?

3. Un chófer _____ al presidente en una limusina.

V. Repaso de los verbos

A. *Make logical statements using the elements provided. You may add words if you need to, but you must use all the ones provided.*

1. nosotros / dar / a / regalo / el / Enrique

   _____

2. ellos / sobre / llaves / poner / mesa

   _____

3. tú / necesitar / a / padres / obedecer

   _____

4. él / traer / sábado / refrescos / fiesta

   _____

5. yo / hacer planes / para / turistas / grupo / de / el

   _____

6. nosotros / conducir / lecciones / tomar / porque / no saber

   _____

B. *Escriba oraciones originales usando los elementos siguientes.*

1. yo / poner

   _____

2. ustedes / conocer

_____

3. ¿tú / ver?

_____

4. yo / dar

_____

5. ella / salir de

_____

6. nosotros / traer

_____

7. yo / salir

_____

8. yo / conducir

_____

C. Situaciones. _Después de_ (after) _leer la situación, decida qué comentario es el más lógico._

1. Son las siete de la noche. Tomás está haciendo su tarea de matemáticas cuando su amigo lo llama por teléfono. Su amigo le dice que el equipo de baloncesto tiene que practicar a las siete y media. Después de conversar un poco, Tomás le dice:

   a. "Está bien, Rafael. Pongo el libro en mi bolsa".

   b. "Está bien, Rafael. Salgo ahora mismo. Te veo en cinco minutos".

   c. "Está bien, Rafael. Es verdad que es una noche bonita".

2. Los alumnos de la clase de español están planeando una visita a un museo. Salen de la escuela el viernes a las ocho y media de la mañana y regresan a las cinco de la tarde. Tienen que llevar dinero para entrar en el museo y para comprar comida.

   a. Marta oye el autobús y pone sus libros en la mesa.

   b. Manuel mira el autobús y sale de la casa.

   c. Pedro trae diez dólares al colegio el viernes.

3. Samuel vive en Tegucigalpa. Tiene diecisiete años y tiene una novia que se llama Maricela. Está muy triste porque desea salir con su novia, pero no tiene dinero. Su abuela ve que Samuel está triste y le dice, "¿Qué tienes, muchacho? ¿Por qué estás tan triste?" Samuel le explica que no tiene dinero para una cita _(date)_ con Maricela.

   a. Samuel le dice a su abuela que va a salir a buscar trabajo.

   b. Samuel dice a su abuela que él va a poner su dinero en la mesa.

   c. Abuela y Samuel oyen música en su casa.

Lección 20 ▲▲▲

I. Vocabulario

A. *Asociaciones. Escriba el color que se asocia con las cosas siguientes.*

1. los Estados Unidos de Norte América

   _____

2. una banana

   _____

3. un dólar americano

   _____

4. un vestido de boda *(wedding)*

   _____

5. una zebra

   _____

6. el tronco de un árbol *(tree)*

   _____

B. *Responda a las preguntas.*

1. ¿Qué ropa llevas hoy? *(What do you have on today?)* ¿De qué color es?

   _____

   _____

2. ¿Qué artículo de ropa usamos cuando hace mucho frío?

   _____

3. ¿Llevan pantalones todos los estudiantes de tu escuela?

   _____

4. ¿De qué color son tus zapatos?

   _____

5. ¿De qué color(es) son las paredes *(walls)* de tu salón de clase?

   _____

6. ¿Llevan trajes y corbatas los profesores de tu escuela?

   _____

7. ¿Usas un suéter cuando tienes calor?

   _____

II. Repaso de verbos irregulares en la primera persona

A. *Find out the following information about the members of your class.*

1. ¿Cuántos tíos tienes?

   _____

2. ¿Qué número (*size*) de zapato usas?

_____

3. ¿Qué instrumento musical tocas?

_____

4. ¿Qué deporte juegas?

_____

5. ¿Cuál es tu deporte favorito?

_____

6. ¿De qué color es tu carro?

_____

B. *After you have compiled the information, identify the following people:*

1. las personas que tienen más de (*more than*) diez tíos

2. las chicas que usan número seis de zapato y los chicos que usan número doce de zapato.

3. las personas que tocan el trombón

4. las personas que juegan al tenis

5. las personas que tienen como su deporte favorito al fútbol

6. las personas que tienen un carro amarillo

C. *Escriba el verbo más lógico en la forma correcta. Varios verbos se usan más de una vez.*

conducir   poner
conocer   salir
dar   traer
hacer   ver
obedecer

1. Yo no _____ mucha televisión porque tengo que estudiar.

2. Mi hermanita _____ de su clase de inglés a las nueve menos cuarto.

3. Mis padres me _____ un regalo especial en mi cumpleaños. ¡Es una computadora!

4. Yo sé quién es el presidente de los Estados Unidos, pero no lo _____ personalmente.

5. Yo no _____ el carro de mi papá porque él no me permite. Dice que no tengo suficiente experiencia.

6. Yo _____ los refrescos a la fiesta. Tú _____ los platos y los vasos.

7. Nosotros _____ un viaje a Costa Rica.

8. Yo amo mucho a mis padres; por eso los _____ cuando me dan instrucciones.

9. Yo _____ mi dinero en el banco.

10. Yo le _____ tratados a la gente los sábados cuando salgo con la sociedad de jóvenes de mi iglesia.

11. ¿ _____ Ud. a Jesucristo como su Salvador personal?

12. ¡Si tú no _____ al policía, te va a poner en la prisión!

13. Yo _____ la tarea para mi clase de historia.

14. Pablo y Gregorio _____ los autobuses.

15. Rita y Conchita _____ los libros en sus escritorios después de la escuela.

III. Verbos con cambios e→ie

A. Escriba la forma correcta del verbo entre paréntesis.

1. Roberto _____ hacer un viaje, pero yo _____ trabajar. (pensar)

2. Él no _____ nada. (perder)

3. ¿Qué _____ tú de mi carro nuevo? Ellos _____ que es muy feo. (pensar)

4. Nosotros _____ español, pero nuestros padres sólo _____ inglés. (entender)

5. El partido _____ a las seis, pero los conciertos siempre _____ a las ocho. (empezar)

B. Escriba oraciones lógicas usando los elementos siguientes.

1. Tomás / preferir / al / béisbol / jugar _____

   _____

2. Elizabet / falda / una / azul / comprar / querer _____

   _____

3. Maribel / a Andrés / querer / conocer _____

   _____

4. Dora y yo / pequeños / los / gatos / preferir _____

   _____

5. Nicolás y yo / entender / italiano / no _____

   _____

C. ¡Qué lástima! El hermano de Pedro está en el hospital. Complete las oraciones para expresar los sentimientos de los jóvenes. Use la forma correcta de sentir.

1. Rut y Carmen dicen que lo _____ .

2. Yo digo que lo _____ .

3. Mateo y Timoteo dicen que lo _____ .

4. Nosotros decimos que lo _____ .

5. Tú dices que lo _____ .

6. Flora dice que lo _____ .

D. Responda a las preguntas.

1. ¿Qué quieres para tu cumpleaños?

   _____

2. ¿Dónde prefieren Uds. comer?

   _____

3. ¿Qué piensas hacer esta noche?

   _____

4. ¿A qué hora empiezan Uds. a comer el almuerzo?

   _____

5. ¿Qué idiomas entiende tu mamá?

   _____

IV. Verbos con cambios o→ue

A. Escriba la forma correcta del verbo entre paréntesis.

1. Silvia _____ ocho horas todas las noches. (dormir)

2. ¿Cuánto _____ tu abrigo nuevo? (costar)

3. Victoria _____ los zapatos que tiene en su closet. (contar)

4. ¿No _____ Uds. el nombre de su profesor? (recordar)

5. Tú no _____ el libro en la biblioteca porque Ana lo tiene.
   (encontrar)

6. Cada año muchas personas _____ en accidentes de automóvil. (morir)

7. Filipenses 4:13 "Todo lo _____ en Cristo que me fortalece". (poder)

8. Yo _____ contigo para ayudarme. Gracias. (contar)

9. Miguelina siempre _____ debajo de mi cama. Miguelina es mi gata.
   (dormir)

10. Mi perro Pepe _____ del parque con pulgas *(fleas).* (volver)

B. Responda a las preguntas.

1. ¿A qué hora vuelves hoy a casa?

   _____

2. ¿Recuerdas tu primera Navidad? ¿Qué recuerdas?

   _____

   _____

3. Uds. no duermen en sus clases, ¿verdad?

   _____

4. ¿Quién en tu familia puede conducir un camión *(truck)*?

_____

5. ¿En qué tienda encuentra tu mamá su ropa?

_____

6. ¿Vuelven Uds. a la clase de español el sábado?

_____

V. Repaso

Escriba oraciones originales con los elementos siguientes.

1. mi hermano / no poder

_____

2. yo / recordar

_____

3. mi familia y yo / preferir

_____

4. ¿Ud. / querer?

_____

5. las vacaciones de verano / empezar

_____

6. nosotros / no volver

_____

Lección 21 ▲▲▲▲▲▲▲▲▲▲▲▲▲▲▲▲▲▲▲▲▲▲▲▲▲▲▲▲▲▲▲▲▲▲▲

I. Vocabulario

A. *Encuentre los nombres de veinte comidas en el buscapalabras.*

```
T  N  E  M  A  R  E  C  O  D  A  C  S  E  P  N  I  S
M  A  I  Z  S  E  D  F  N  O  D  E  S  O  N  O  Y  E
E  E  N  C  U  E  N  L  E  C  H  E  T  R  A  L  A  S
A  M  E  L  E  R  B  A  L  A  N  O  I  C  T  U  L  O
C  L  E  D  Z  A  N  N  I  L  O  R  A  P  O  L  L  O
S  U  R  O  C  A  E  L  L  I  V  L  N  E  M  E  R  G
A  E  N  N  E  T  N  E  L  L  E  I  V  E  A  K  O  H
N  N  E  E  T  N  E  A  V  C  E  S  E  E  T  S  S  E
T  E  A  N  B  U  N  K  H  E  R  R  L  L  E  I  H  L
F  T  H  Z  G  I  E  U  E  O  E  R  H  T  D  A  O  A
I  V  E  Z  N  E  G  R  O  F  R  I  J  O  L  E  S  D
E  N  P  E  R  A  E  G  E  N  B  I  S  T  E  C  O  O
R  O  A  S  A  Y  M  A  S  O  M  A  A  N  G  H  A  M
O  R  P  T  N  O  C  E  Y  D  A  D  I  L  A  U  U  C
L  D  A  R  R  O  Z  E  D  A  D  I  I  A  T  L  A  N
E  C  O  M  S  I  M  A  S  L  R  E  V  I  N  E  U  D
L  E  S  T  E  A  S  H  I  U  E  E  S  T  E  T  S  A
A  T  N  A  N  C  S  M  E  L  E  T  G  N  C  A  F  E
N  D  O  G  E  S  O  T  A  N  O  D  S  U  L  C  I  S
I  N  O  O  S  N  O  L  U  N  E  U  C  A  N  O  I  C
V  A  B  A  N  A  N  A  F  R  O  P  L  E  P  M  A  T
```

Words in the puzzle:

leche	café
pescado	chuleta
lechuga	flan
banana	mango
helado	maíz
bistec	papa
pastel de manzana	zanahoria
pera	frijoles
tomate	arroz
pollo	limón

B. *Responda a las preguntas.*

1. ¿Qué te gustan más, las zanahorias o las bananas?

   _____

2. ¿Quién en tu familia es el mejor cocinero?

   _____

3. ¿Cuál es el postre favorito de tu papá o de tu mamá?

   _____

4. ¿Cuál es la carne favorita de un gato típico como *Heathcliff*?

   _____

5. ¿Toman Uds. agua mineral cuando van a un restaurante elegante?

   _____

6. ¿Sabes qué fruta recomiendan con pescado? ¿Cuál es?

   _____

7. ¿Qué vegetales usas para una ensalada?

   _____

II. Verbos con cambios e→i

Escriba la forma correcta del verbo indicado.

1. Roberto _____ leche para el desayuno. (pedir)
2. Yo _____ chuletas de cerdo cuando me visitan mis tíos. (servir)
3. El mesero _____ la lista de postres. (repetir)
4. Yo _____ torta de chocolate porque es mi favorita. (pedir)
5. Beto, tú _____ el versículo ahora. (repetir)
6. En nuestro restaurante (nosotros) _____ a mucha gente interesante. (servir)
7. Josefina _____ una naranja antes de la cena. (pedir)
8. María Nieves y yo siempre _____ arroz con leche en este restaurante. (pedir)
9. La Sra. de Soto _____ bistec, papas y vegetales verdes. (servir)
10. Yo le _____ al cocinero que estamos muy contentos con su pastel de manzana. Está sabroso. (repetir)
11. (Tú) _____ el plato que quieres y yo pago la cuenta. ¿Está bien? (pedir)
12. Uds. me _____ una comida verdaderamente inolvidable. Muchísimas gracias por todo, señores. (servir)

III. Saber vs. conocer

Escriba la forma correcta de saber o conocer.

1. Mi abuela _____ al cocinero de este restaurante.

2. Yo _____ cómo se llama, pero no lo _____ personalmente.

3. El mesero me _____ , y él _____ qué mesa prefiero.

4. Comemos aquí frecuentemente. Es por eso que tú _____ de memoria el menú.

5. Yo _____ cocinar pero no me gusta.

6. ¿_____ (tú) personalmente al presidente de la nación?

7. ¿ _____ Ud. cuánto va a ser la propina?

IV. Adverbios que terminan en *-mente*

Termine las oraciones con un adverbio apropiado.

1. Mi perro tiene ojos tristes. Me mira _____ .

2. La tarea es fácil. La hago _____ .

3. La iglesia es un lugar solemne. Allí hablamos _____ .

4. Los jóvenes están alegres esta noche. Cantan _____ .

5. Andrés está muy contento porque su mamá le está preparando su plato favorito.

   Va a comer su comida muy _____ .

V. Repaso

Responda a las preguntas.

1. ¿Sabes cómo se llama el Vice-Presidente?

   _____

2. ¿Cómo hablan Uds. con sus amigos, seriamente o alegremente?

   _____

3. ¿Qué pide Ud. cuando va a su restaurante favorito?

   _____

4. Los conejos *(rabbits)* comen vegetales. ¿Qué comen los perros y los gatos?

   _____

5. ¿Quién te quiere locamente?

   _____

Capítulo Nueve

Lección 22 ▲▲▲

I. Vocabulario

A. *Escriba el antónimo (lo contrario) de cada palabra.*

1. delgado: _____   4. liso: _____

2. pequeño: _____   5. alta: _____

3. largo: _____

B. *Describe each character in the illustrations below. Include a physical description and the approximate age of the character.*

Modelo: Se llama Susana. Es delgada y tiene el pelo rubio y
liso. Tiene la nariz pequeña. Tiene diez años.

Susana

Pepe

Sra. García

Lalo

Dr. Méndez

1. _____

    _____

2. _____

    _____

3. _____

    _____

4. _____

    _____

II. La forma comparativa (I)

A. *Comparativos. Compare los tres jugadores de fútbol americano usando los adjetivos indicados. Siga el modelo.*

Modelo: alto

Tomás es menos alto que Pedro, pero es más alto que Felipe.

1. delgado _____

_____

_____

_____

_____

Pedro   Tomás   Felipe

2. fuerte _____

_____

3. atlético _____

_____

B. *Escriba comparaciones entre las cosas, personas y lugares siguientes. Use los adjetivos entre paréntesis.*

Modelo: un Honda Accord . . . un Porsche (rápido)

Un Honda Accord es menos rápido que un Porsche.

1. el tenis . . . el fútbol (interesante)

_____

2. el inglés . . . el chino (difícil)

_____

3. un televisor . . . una radio (caro)

_____

4. mi papá . . . Sansón (fuerte)

_____

5. Alberto Einstein . . . mi amigo (intelectual)

_____

6. el Cadillac . . . el Chevrolet (elegante)

_____

7. el monumento Washington . . . la Casa Blanca (alto)

_____

8. los Rockefeller . . . yo (rico)

_____

9. un Honda Civic . . . un Lincoln Continental (económico)

_____

10. Bill Clinton . . . Ronald Reagan (popular)

_____

III. La forma comparativa (II)

Compare las cosas y personas usando los adjetivos entre paréntesis.

Modelo: la nota A / la nota C (bueno)
        La nota A *es mejor que* la nota C.

1. la nota D / la nota B (malo)

   _____

2. Juan tiene ocho años. / Paco tiene nueve años. (menor)

   _____

3. Marcos: 5'5", 140 lbs. / Roberto: 5'3", 115 lbs. (grande)

   _____

4. las hamburguesas de McDonald's / las hamburguesas de Burger King (bueno)

   _____

5. el Yugo / el Hundai (malo)

   _____

6. mi papá / mi mamá (mayor)

   _____

7. mi ciudad / Nueva York (grande)

   _____

IV. La forma superlativa

¿Conoce bien su ciudad? Responda con su opinión.

1. ¿Cuál es el restaurante más caro?

   _____

2. ¿Cuál es la escuela más grande?

   _____

3. ¿Cuáles son las tiendas más elegantes?

   _____

4. ¿Cuáles son las personas más populares o famosas?

   _____

5. ¿Dónde están las casas más grandes?

   _____

6. ¿Cuál es el supermercado más barato?

   _____

7. ¿Cuál es el lugar turístico más popular?

   _____

Lección 23 ▲▲▲▲▲▲▲▲▲▲▲▲▲▲▲▲▲▲▲▲▲▲▲▲▲▲▲▲▲▲▲▲▲▲▲▲▲

I. Vocabulario

Escriba el pronombre reflexivo correcto.

1. Dolores _____ peina frecuentemente.

2. Tú _____ despiertas tarde los sábados.

3. Voy a cepillar _____ los dientes antes de salir.

4. _____ levanto a las ocho.

5. Mi abuelo _____ afeita y después _____ ducha.

6. Nosotros _____ ponemos abrigos cuando hace frío.

7. Yo _____ miro en el espejo para peinar _____.

8. Después de comer, nosotros _____ cepillamos los dientes.

9. Marcos _____ despierta a las seis y media de la mañana.

10. Uds. no _____ peinan nunca durante el día.

11. Yo _____ baño antes de acostar _____ .

12. ¿A qué hora _____ bañas?

13. Los jugadores _____ ponen sus uniformes antes del partido.

II. Los verbos reflexivos: cuidado personal

A. ***Escriba la forma correcta de los verbos reflexivos entre paréntesis.***

1. Eunice siempre _____ por la mañana. (bañarse)

2. Yo _____ temprano durante la semana. (acostarse)

3. José no tiene que _____ todos los días. (afeitarse)

4. ¿Por qué _____ (tú) tanto en el espejo? (mirarse)

5. Nosotros _____ a las seis de la mañana. (levantarse)

6. Yo _____ las manos antes de comer. (lavarse)

7. ¿Uds. _____ antes de bañarse? (vestirse)

8. ¿ _____ Ud. con dificultad por las mañanas? (levantarse)

9. ¿(Tú) _____ bien para tus clases? (prepararse)

10. Yo _____ de traje y corbata hoy. (vestirse)

B. ***¿Qué hace primero?*** *(What do you do first?)* **Siga el modelo.**

Modelo: bañarse / quitarse la ropa
Primero me quito la ropa, después me baño.

1. ducharse *(to shower)* / vestirse

   _____

2. lavarse / peinarse

   _____

Textbook Exercises

3. vestirse / afeitarse

_____

4. cepillarse los dientes / despertarse

_____

5. peinarse / ponerse el perfume

_____

C. Responda a las preguntas.

1. ¿A qué hora te despiertas los domingos?

_____

2. ¿Quién en tu familia se levanta primero?

_____

3. ¿Te lavas la cara cuando te acuestas?

_____

4. ¿Se peina todos los días tu papá?

_____

5. ¿A qué hora se acuestan Uds. durante la semana?

_____

D. ¿Reflexivo o no? Escriba el pronombre reflexivo en las frases que lo necesitan.

Modelo: Carmen _____*se*_____ peina delante del espejo.
   Raquel _____—_____ pone sus libros en la cama.

1. Rafael _____ cepilla los dientes después de comer.

2. Margarita y Rosita _____ bañan su perrito.

3. Mamá _____ despierta a los niños a las ocho.

4. Yo _____ despierto temprano.

5. La enfermera *(nurse)* _____ baña a su paciente.

6. Nosotros _____ ponemos los zapatos.

7. ¿Tú _____ quitas el sombrero antes de entrar en la casa?

8. Yo _____ pongo mi guante de béisbol debajo de la cama.

9. Los jugadores _____ después del partido de voleibol.

10. Jaime _____ lava el pelo todos los días.

III. Adjetivos demostrativos

The forms of the demonstrative adjective este *modify nouns that are very near to, or in the possession of the speaker. The forms of* ese *indicate that the nouns in question are somewhat distant from the speaker, possibly near or in the possession of the person being spoken to. The forms of* aquel *indicate a great distance between the nouns and the speaker. Use the cues in italics to determine the distance of the noun to the speaker of the sentence. Use the correct form of the appropriate demonstrative adjective.*

Modelo: _____*Esta*_____ cadena *que tengo en la mano* es de oro.
(*en la mano* indica "cerca de mí".)
Me gusta _____*ese*_____ sombrero nuevo *que llevas.*
(*que llevas* indica "algo lejos de mí".)
_____*Aquellas*_____ montañas *en la distancia* son altas.
(*en la distancia* indica "muy lejos de mí".)

1. _____ cuaderno *que está en la mesa* es de Enrique.

2. _____ vestido *que llevo* no es de mi talla.

3. José vive en _____ casa *allí* a la derecha.

4. ¿Qué es _____ cosa *que tengo en la mano*?

5. _____ muchachos están *muy lejos* de nosotros.

6. _____ casas *aquí* son muy elegantes.

7. ¿De quién son _____ libros *que Ud. tiene* en su escritorio?

8. _____ perro *al otro lado de la casa* es de Eugenio.

9. _____ señoras *a mi lado* son españolas.

10. _____ relojes *en el mostrador* me gustan mucho.

IV. Otros usos del artículo definido

Contradicciones. Cuando su amigo expresa una opinión, Ud. expresa una opuesta. Siga el modelo.

Modelo: Me gustan los carros japoneses. (americanos)
—Yo prefiero los americanos.

1. Me gustan los pantalones negros. (rojos) _____

_____

2. Me gusta la música de guitarra. (de piano) _____

_____

3. Me gusta la literatura inglesa. (americana) _____

_____

4. Me gustan las chicas rubias. (de pelo rojo) _____

_____

5. Me gusta el abrigo largo. (corto) _____

_____

Lección 24 ▲▲▲

I. Vocabulario

A. Escriba la parte del cuerpo asociada con el sustantivo indicado.

1. el sombrero _____

2. los zapatos _____

3. los pantalones _____

4. los guantes _____

5. la bufanda _____

6. los lentes _____

7. el dentista _____

B. Termine las oraciones con el nombre de una parte del cuerpo.

Modelo: Para jugar al béisbol usamos los brazos, las manos y las piernas.

1. Para jugar al baloncesto usamos _____.

2. Para jugar al fútbol usamos _____ y _____, pero no

   podemos usar _____.

3. Tenemos dos manos: _____ derecha *(right)* y la mano

   izquierda *(left)*.

4. La mayor parte de los pitchers de béisbol usan _____ derecho, pero

   algunos usan el brazo _____ .

5. Para jugar al voleibol usamos _____.

6. Para patinar *(to skate)* usamos _____.

C. Encuentre en el buscapalabras quince palabras relacionadas con las partes del cuerpo.

D	S	E	A	V	O	H	A	Z	E	B	A	C	E	J
E	I	M	A	D	A	N	R	O	T	S	A	P	I	M
C	U	E	L	L	O	T	L	A	S	O	D	E	D	F
S	E	R	N	A	G	R	U	P	I	N	E	A	R	A
P	O	D	A	T	A	C	E	I	I	L	E	D	E	D
I	H	E	R	M	E	S	O	J	T	E	S	A	P	S
E	S	N	I	A	C	S	S	E	A	D	L	A	R	A
R	T	R	Z	O	E	I	P	F	N	O	C	R	O	A
N	A	I	H	O	M	B	R	O	S	M	A	R	J	A
A	P	O	C	I	O	R	M	A	M	M	A	N	O	L
S	A	Z	O	C	B	A	E	R	A	T	S	E	S	A
E	I	C	A	O	D	Z	A	D	L	A	P	S	E	N
L	E	E	T	N	E	O	M	A	N	O	M	A	T	R

boca	cuello	espalda	nariz	piel
brazo	dedos	hombros	ojo	piernas
cabeza	dientes	mano	oreja	pies

II. Otros usos de los verbos reflexivos

A. ¿Reflexivo o no?

1. Yo _____ en mi cama. (dormir / dormirse)

2. La clase de geometría no es muy interesante, y Álvaro _____ porque está aburrido. (dormir / dormirse)

3. ¿Cómo _____ Ud.? (llamar / llamarse)

4. _____ mucho oír que su hermano está en el hospital. (sentir / sentirse)

5. ¿Dónde _____ el estadio de fútbol? (quedar / quedarse)

6. Micaela y yo _____ a la fiesta juntos. (ir / irse)

7. Lola está enferma hoy. _____ muy mal. (sentir / sentirse)

8. Mis padres _____ de vacaciones, pero yo _____ aquí.
(ir / irse) (quedar / quedarse)

B. Responda a las preguntas.

1. ¿Te duermes en una de tus clases?

   _____

2. ¿Cómo te sientes en este momento?

   _____

3. ¿Dónde queda la oficina del director?

   _____

4. ¿Cómo se llama tu hermano mayor?

   _____

5. ¿Te pones un sombrero cuando vas a la iglesia?

   _____

6. ¿Por qué se miran Uds. en el espejo?

   _____

III. El infinitivo de los verbos reflexivos

A. Antónimos. Escriba el verbo de sentido contrario.

1. dormirse: _____   3. quedarse: _____

2. levantarse: _____   4. quitarse: _____

B. Escriba la forma correcta de los verbos reflexivos.

1. Voy a _____ temprano esta noche. (acostarse)

2. Luis tiene que _____ a las seis. (levantarse)

3. No queremos _____ aquí sin Uds. (quedarse)

4. ¿Prefieres _____ por la mañana o por la noche? (ducharse)

5. Ud. _____ fácilmente, ¿no? (despertarse)

6. Primero yo _____ , y después _____ .

(levantarse / bañarse)

7. Fredi no puede hablar contigo ahora porque está _____ .

(ducharse)

8. Pablo _____ después de _____ . (afeitarse / bañarse)

9. Debes _____ el sombrero; el sol está muy fuerte hoy. (ponerse)

10. Cuando juego al *Monopolio* yo _____ mucho. (divertirse)

C. ¿Reflexivo o no?

1. Lisa _____ a su hermanito a las ocho. (acostar / acostarse)

2. Mamá siempre _____ una buena comida. (preparar / prepararse)

3. Elena y Maricela van a _____ los vestidos nuevos para el programa.

(poner / ponerse)

4. Chele _____ después del partido de fútbol. (duchar / ducharse)

5. ¿Tú _____ nervioso cuando tomas un examen? (sentir / sentirse)

6. Pues, ¿tú _____ o te vas? (quedar / quedarse)

7. Voy a _____ la televisión un rato. ¿Está bien? (mirar / mirarse)

IV. Crucigrama

Horizontal

2. otro nombre para una escuela secundaria
4. a, b, c, ch, d, e, f . . .
6. el color que resulta al combinar azul y amarillo
10. el presente de *dormir*, forma "tú"
11. un juego que contiene dos equipos *(teams)* con hombres altos
13. el animal que dice "guau, guau"
14. un adjetivo demostrativo masculino plural que indica mucha distancia

Vertical

1. "Todo lo puedo en Cristo que me fortalece". _____ 4:13
3. un artículo de ropa para el cuello cuando hace frío
4. un sínonimo de *carro*
5. la forma "nosotros" del verbo *tener* en el presente
7. la forma "yo" del verbo *servir* en el presente
8. una ropa para mujeres que se usa con una blusa
9. el hermano de tu papá
12. infinitivo para *trabajamos*
13. un objeto que el pítcher usa en el béisbol

18. un instrumento para escribir
19. el mes después de julio
20. producir música vocal
22. un libro que contiene himnos
23. lo contrario de *detrás de*
24. otra palabra para *pastor*
27. lo contrario de *abrir*
29. el día antes del jueves
30. *80* en español
32. el presente de *estar,* forma "yo"

15. hablar con Dios
16. el artículo definido plural femenino
17. contrario de *derecha*
20. controlar un carro
21. lo contrario de *vender*
25. un instrumento que indica las horas del día
26. el día después del sábado
27. una ropa para hombres que se usa con corbata
28. la forma "yo" del verbo *abrir* en el presente
31. *Sears, J.C. Penney, Montgomery Ward*

Textbook Exercises

Capítulo Diez

Lección 25 ▲▲▲

I. Acabar de + infinitivo

Cambie las oraciones para indicar acción completada.

Modelo: Enrique toma su examen.
             Enrique *acaba de tomar* su examen.

1. El profesor enseña su clase de álgebra.

    _____

2. Pedro y Tito juegan un partido de tenis.

    _____

3. Nuestro equipo gana el campeonato.

    _____

4. Yo mando una carta a los Torres en Lima, Perú.

    _____

5. Dorina y yo compramos una tarjeta postal en el aeropuerto.

    _____

6. Tú cuelgas el teléfono, ¿no?

    _____

7. Elba y yo hablamos por teléfono.

    _____

8. El cartero llega con una carta para Lorenzo.

    _____

II. El pretérito: los verbos regulares *-ar*

A. *Ahora escriba el verbo en el pretérito.*

1. El profesor _____ su clase de álgebra. (enseñar)

2. Pedro y Tito _____ un partido de tenis. (jugar)

3. Nuestro equipo _____ el campeonato. (ganar)

4. Yo _____ una carta a los Torres en Lima, Perú. (mandar)

5. Dorina y yo _____ una tarjeta postal en el aeropuerto. (comprar)

6. Tú _____ el teléfono, ¿no? (colgar)

7. Elba y yo _____ por teléfono. (hablar)

8. El cartero _____ con una carta para Lorenzo. (llegar)

B. Cambie los verbos al pretérito y escriba oraciones originales.

1. Uds. llegan _____

2. Javier canta _____

3. Mi mejor amigo(a) y yo hablamos _____

   _____

4. Tú mandas _____

5. Yo preparo _____

6. Tú cuelgas _____

7. Mi equipo juega _____

8. Mis abuelos cuentan _____

   _____

9. Yo me acuesto _____

10. Mi familia y yo ayudamos _____

    _____

C. Responda a las preguntas. Note que algunas están en el pretérito y otras están en el presente.

1. ¿Pasaste tú la aspiradora el sábado?

   _____

2. ¿Quién plancha la ropa en tu casa normalmente? ¿Quién planchó la ropa que tú llevas hoy? _____

   _____

3. ¿Qué número marcas para llamar a casa?

   _____

4. ¿No lavó los platos anoche tu mamá? ¿Quién los lavó?

   _____

D. Situaciones. Lea cada situación y decida cuál de los comentarios es el más lógico.

1. Son las tres y media de la tarde. Tengo mucha hambre. Voy a la cocina y me hago un sandwich. Tomo un vaso de leche y me siento mejor.

   a. Llegó el cartero.

   b. Acabo de llegar de la escuela.

   c. Mis amigos me llamaron por teléfono.

2. Pablito no se bañó esta mañana. Se peinó rápidamente. No desayunó pero sí se cepilló los dientes antes de irse de casa. Llegó tarde a la escuela.

   a. No estudió su español anoche.

   b. Está enfermo.

   c. Se levantó tarde esta mañana.

3. El cartero está a la puerta de la casa de los misioneros en Iquitos, Perú. Tiene unas cartas y un paquete en la mano. Toca la puerta y contesta la señora Porter. El cartero le da las cartas, pero no le da el paquete.

    a. El paquete es muy grande.

    b. El paquete no es para los Porter.

    c. La señora no mandó el paquete.

III. El pretérito: verbos que terminan en -car, -gar, -zar

A. Answer each question as if you were the person in the picture. Write your answers in the spaces provided.

Modelo: ¿A qué hora llegó Ud. al restaurante, señorita?
             Llegué a las doce y media.

1. ¿Cómo jugaste, Rogelio?

_____

2. ¿Qué instrumento tocaste en la competencia, Rebeca?

_____

3. ¿Cuánto pagaste por la camisa, Tomás?

_____

_____

_____

_____

4. ¿A qué hora empezaste a estudiar?

_____

5. ¿De qué sacaste una foto?

_____

B. *Escriba el verbo en el pretérito.*

1. Juegas mucho voleibol. _____

2. Empiezo a estudiar temprano. _____

3. Pago la cuenta. _____

4. Llegan tarde a la iglesia. _____

5. Juego en el gimnasio. _____

6. Saco muchas fotos. _____

7. Toco el violín. _____

8. Llego a las ocho. _____

9. Busco un asiento. _____

10. Empezamos el nuevo libro. _____

IV. La preposición *a* después de ciertos verbos

Escriba la preposición a *en el espacio si es necesaria.*

1. ¿Cuándo empezaste _____ estudiar español?

2. Los muchachos quieren _____ tomar la clase de cocina.

3. El director del coro nos enseña _____ cantar bien.

4. La semana pasada mi hermano empezó _____ trabajar allí.

5. En junio yo quiero _____ trabajar con mi hermano.

6. La próxima vez, yo voy _____ pedir bistec.

7. El pastor y su familia vienen _____ cenar con nosotros.

8. Papá quiere _____ sacar fotos de los sitios que visitamos.

9. En este momento Rafael sale _____ comprar una revista.

10. Yo necesito _____ estudiar para mi examen.

V. Repaso

Responda a las preguntas.

1. ¿Qué equipo de béisbol jugó mejor el año pasado?

   _____

2. ¿Qué carro compró su familia la última vez (*last time*)?

   _____

3. ¿Me invitaste a mí a tu fiesta de cumpleaños?

   _____

4. ¿Cuándo empezaron Uds. la lección veinticinco?

   _____

5. ¿A qué hora llegó Ud. a la escuela hoy?

   _____

Lección 26 ▲▲

I. Vocabulario

A. *Responda a las preguntas.*

1. ¿Qué saludo es correcto para empezar una carta al director de la escuela?

   _____

2. ¿Qué despedida es buena para terminar una carta a tu mejor amigo(a)?

   _____

3. ¿Qué saludo es bueno para empezar una carta a tus abuelos?

   _____

4. ¿Qué forma de correspondencia es popular entre los turistas?

   _____

5. ¿Quién trae la correspondencia a tu casa?

   _____

6. ¿Qué parte de la carta indica dónde vive el recipiente (la persona que va a recibirla)?

   _____

7. Si la carta no lleva esta cosita, el correo no la envía a su destinación.

   _____

B. *Write a letter to a best friend and tell him or her about recent events in the lives of your family. You might tell about a trip you took, a sporting event that you played in or watched, school and church activities, future plans, and so on. Use Maritza's letter as a guide. First start by thinking of the verbs you know, then build your letter around those verbs.*

II. Ejercicio extra: las fechas

En español las abreviaturas para indicar el día y el mes se escriben así:

   1 / IV = el primero de abril

   4 / VII = el cuatro de julio

   25 / XII = el veinticinco de diciembre

¿Cuál es la fecha? Escriba el día y el mes indicados por las abreviaturas.

1. 25 / V _____
2. 12 / X _____
3. 6 / I _____
4. 14 / VII _____
5. 11 / VI _____

III. El pretérito: los verbos regulares *-er, -ir*

A. *Escriba el verbo indicado en la forma correcta del pretérito.*

1. Los niños _____ sus juguetes poco después de recibirlos. (romper)

2. Margarita _____ la tarea en el autobús. (perder)

3. Yo _____ una *A* por mi composición. (recibir)

4. Nosotros _____ los libros a la Lección 26. (abrir)

5. Jorge Washington _____ el 22 de febrero. (nacer)

6. ¿Cuándo _____ tú? (nacer)

7. ¿En qué año Colón _____ América? (descubrir)

8. ¿A qué hora _____ (tú) los ojos esta mañana? (abrir)

9. Los niños _____ canciones en la escuela dominical. (aprender)

10. Ana y yo _____ regalos idénticos el día de Navidad. (recibir)

B. *Cambie el verbo al pretérito.*

1. Aprendo a nadar. _____

2. Él recibe una carta. _____

3. Rompo el vaso. _____

4. Descubrimos el secreto. _____

5. El pierde el dinero. _____

6. Abren la Biblia. _____

7. Nazco el 14 de marzo. _____

8. Aprenden el Salmo 23. _____

9. Salgo a las tres y media. _____

10. Comes dos hamburguesas. _____

C. *Preguntas.*

1. ¿Qué recibiste en tu cumpleaños?

_____

2. ¿Qué comieron Uds. anoche para la cena?

_____

3. ¿Abriste tu ventana durante la noche?

_____

4. ¿Qué aprendieron Uds. ayer en español?

_____

5. ¿A qué hora saliste de casa esta mañana para venir a la escuela?

_____

D. *Más preguntas.*

1. ¿Quién descubrió la electricidad?

_____

2. ¿Qué novela leíste en tu clase de inglés el semestre pasado?

_____

3. ¿Quiénes escribieron los cuatro Evangelios (los cuatro primeros libros del Nuevo
   Testamento)?

   _____

4. ¿A qué hora empezó la clase de español?

   _____

5. ¿Asististe a la iglesia esta mañana?

   _____

IV. Crucigrama

Las formas regulares del pretérito

Horizontal

3. entrar (tú)

5. visitar (yo)

7. asistir (yo)

9. entender (yo)

10. aprender (Ud.)

13. jugar (yo)

16. comprar (ellos)

17. contestar (yo)

18. mirar (yo)

19. desear (tú)

20. escribir (Uds.)

Vertical

1. bañar (tú)

2. lavar (yo)

4. salir (yo)

5. vender (Ud.)

6. usar (yo)

8. trabajar (tú)

11. entender (Uds.)

12. terminar (ellos)

14. usar (nosotros)

15. tomar (yo)

V. Pronombres demostrativos

Al contrario. Tú nunca quieres lo que te quieren dar. Responde según los modelos usando el pronombre demostrativo correcto.

Modelo: ¿Quieres este libro?
      —No, no quiero ése.

1. ¿Quieres estas fotos? _____

2. ¿Quieres esta pluma? _____

3. ¿Quieres este carro? _____

4. ¿Quieres estos sandwiches? _____

Modelo: ¿Deseas ese traje?
      —No, ya tengo éste.

1. ¿Deseas esos cepillos? _____

2. ¿Deseas esas faldas? _____

3. ¿Deseas esa camisa? _____

4. ¿Deseas ese sombrero? _____

Modelo: ¿Te gustan esos libros?
      —Sí, pero me gustan más aquéllos.

1. ¿Te gusta ese restaurante? _____

2. ¿Te gustan esas tiendas? _____

3. ¿Te gustan esos zapatos? _____

4. ¿Te gusta esa canción? _____

Lección 27 ▲▲

I. El pretérito de *ir* y *ser*

A. *¿Adónde fueron para sus vacaciones? Siga el modelo.*

Modelo: España: los señores García
          Los señores García fueron a España.

1. Puerto Rico: Tomás Rodríguez _____

2. Venezuela: mi hermano _____

3. México: tú _____

4. Argentina: Manuel y Roberto _____

5. Perú: Nosotros _____

B. *Complete cada oración con la forma correcta de* ser *o* ir. *Escriba el infinitivo del verbo correcto al lado del número.*

_____ 1. En diciembre Carolina _____ a Cali para estudiar.

_____ 2. Ella _____ estudiante en Miami antes de ir a Cali.

_____ 3. En marzo nuestros padres _____ a visitarla.

_____ 4. Mis hermanos y yo _____ a vivir con nuestros tíos.

_____ 5. Yo _____ al aeropuerto a recogerlos (*pick them up*).

II. El pretérito de *dar* y *ver*

Cambie los verbos al pretérito.

1. La profesora da un examen hoy. _____

2. Las chicas ven sus fotos en el periódico. _____

3. Yo voy al zoológico el sábado. _____

4. Los miembros de mi iglesia dan mucho dinero a los misioneros. _____

5. Yo veo los cuadros en la galería de arte. _____

6. Nosotros vamos a la iglesia el miércoles. _____

7. Tú me das tu dirección. _____

8. Pedro ve a Lucrecia en el estadio. _____

9. ¿Vas al centro esta tarde? _____

10. Damos libros a los niños pobres. _____

III. El pretérito de *leer, oír, caer*

¿Qué pasó? (What happened?) **Escriba una oración en el pretérito para indicar lo qué pasó en cada ilustración. Use la forma correcta de los verbos** leer, oír, caer.

Modelo: Samuel . . .
Samuel leyó un periódico.

1. Marcos

_____

2. Lalo y Javier

_____

3. el vaso

_____

4. las niñas

_____

Textbook Exercises

IV. Repaso

A. *Responda a las preguntas.*

1. ¿Qué regalos te dieron tus padres para tu cumpleaños?

   _____

2. ¿Adónde fueron Uds. para sus últimas vacaciones?

   _____

3. ¿Qué pasaje (*passage*) de la Biblia leyó tu pastor el domingo?

   _____

4. ¿Quién fue el último (*the last*) presidente?

   _____

5. ¿Qué programas de televisión viste anoche?

   _____

B. *Escriba el verbo en el pretérito.*

1. Soy estudiante. _____
2. Le doy una Biblia. _____
3. Me caigo. _____
4. Nos creen. _____
5. Elena va a la iglesia. _____
6. Lo creo sinceramente. _____
7. ¿Qué le das? _____
8. Me da cinco centavos. _____
9. Uds. leen las noticias. _____

C. *Preguntas*

1. ¿Qué pasó con las murallas *(walls)* de Jericó?

   _____

2. ¿Fuiste a un partido de baloncesto el sábado?

   _____

3. ¿Quiénes fueron contigo a la iglesia?

   _____

4. ¿Qué vieron Uds. cuando fueron de vacaciones?

   _____

5. ¿A quiénes vio Ud. esta mañana antes de venir a la escuela?

   _____

Capítulo Once

Lección 28 ▲▲▲

I. Repaso: las formas del pretérito

A. *Escriba la forma correcta del verbo en el pretérito.*

1. Yo _____ una banana y Elsa _____ una pera. (comer)

2. Enrique y Carlos _____ al profesor en su oficina. Carolina lo _____ en la cafetería. (encontrar)

3. Yo _____ en Cuzco en 1985 y Miguel _____ en Lima el mismo año. (vivir)

4. Mi primo _____ en Nueva York. Yo _____ en Tempe. (nacer)

5. Francisco _____ las llaves del carro de su papá, pero tú _____ el dinero que te dio. (perder)

6. Yo _____ al voleibol ayer. Uds. _____ al béisbol. (jugar)

7. Mis padres _____ a un restaurante chino anoche. Mis hermanos y yo _____ a una pizzería. (ir)

8. Yo _____ en mis vacaciones cuando vi la foto. Ignacio _____ en su familia porque él vive allí. (pensar)

9. Nosotros _____ pastel en la fiesta, pero Mateo y Tito sólo _____ helado. (comer)

10. Dieguito y yo _____ de la escuela a las cuatro, pero Uds. no _____ hasta las cinco. (volver)

11. Evangelina _____ el piano para el dúo. Yo lo _____ para el coro. (tocar)

B. *Preguntas.*

1. ¿Cuándo conociste por primera vez a tu mejor amigo(a)?

   _____

2. ¿Comieron juntos anoche tú y tu familia?

   _____

3. ¿Quién te vendió el libro de español?

   _____

4. ¿Dónde compraste tus zapatos favoritos?

   _____

5. ¿Quién te contó la primera historia *(story)* de la Biblia?

_____

C. *Más preguntas.*

1. ¿Caminaste a la escuela esta mañana?

_____

2. ¿Quién te escribió una carta recientemente?

_____

3. ¿Trabajaste o jugaste el sábado?

_____

4. ¿Tomaron Uds. un examen ayer en la clase de español?

_____

5. ¿Volvieron Uds. a la escuela el domingo pasado?

_____

II. El pretérito de los verbos *-ir* con cambios de raíz

Cambie los verbos al pretérito.

1. Carlos pide huevos rancheros.

_____

2. Alberto y Paco piden bistec.

_____

3. Los camareros nos sirven con elegancia en el restaurante.

_____

4. Yo pido fruta y nada más.

_____

5. La profesora repite las instrucciones a la clase.

_____

6. Rafael y yo pedimos café con leche.

_____

7. Yo duermo ocho horas durante el fin de semana.

_____

8. Tú pides helado.

_____

9. Carola prefiere carne de res, pero yo prefiero pescado.

_____

10. Carmencita pide pastel de manzana.

_____

11. Antes de cantar, los muchachos se sienten nerviosos.

_____

12. Su abuelo muere rápidamente.

_____

13. Julio y Daniel duermen diez horas durante sus vacaciones.

_____

14. Después del viaje yo me siento cansada, pero Ud. se siente bien.

_____

III. Repaso del pretérito

A. *Escriba la forma correcta del verbo en el pretérito.*

1. Yo _____ a leerlo a las ocho. (comenzar)

2. Andrés nos _____ en diciembre. (conocer)

3. ¿Dónde _____ (tú) a hablar español? (aprender)

4. ¿Qué les _____ (ellos) en el restaurante italiano? (servir)

5. Yo _____ mucho oír de la enfermedad de tu abuela. (sentir)

6. Jesús _____ por ti. (morir)

7. Nosotros _____ bien anoche. (dormir)

8. Mis padres _____ la casa en febrero. (vender)

9. Yo _____ mi reloj en Sears. (comprar)

10. El banco _____ a las ocho. (abrir)

11. Yo _____ hablar del Monstruo del lago Ness, pero no

    lo _____ nunca. (oír / ver)

12. Ayer en la cafetería, José _____ una hamburguesa. (pedir)

13. ¿Tú _____ el dinero perdido? (encontrar)

14. Ellos _____ muchas veces que no _____ nada.

    (repetir / encontrar)

B. ¿Qué pasó la semana pasada? Escriba un párrafo o una lista de diez oraciones. Use los verbos siguientes.

Modelo: Mi hermano Rafael estudió una hora entera la semana pasada.
Yo bañé el perro. Fue muy difícil.

estudiar	levantar(se)	visitar	ir
trabajar	lavar(se)	llegar	ser
mirar	preparar(se)	volver	repetir
hablar	servir	pedir	decidir
practicar	llamar	comprar	dar
escribir	leer	ver	sacar
comer	beber	encontrar	
dormir	oír	invitar	
bañar(se)	escuchar	salir	

_____

_____

_____

_____

_____

_____

_____

_____

_____

_____

_____

_____

_____

_____

Lección 29 ▲▲

I. Vocabulario

Identifique la profesión.

Horizontal

2. Él construye edificios grandes, puentes *(bridges)*, plantas nucleares, etc.

4. Él hace trabajo manual en una fábrica *(factory)*.

5. Él enseña en la escuela primaria o secundaria.

7. Él defiende a sus clientes en la corte.

9. Ella escribe las cartas que el ejecutivo dicta.

10. Ella ayuda a los pacientes que están en el hospital.

Vertical

1. Ella ayuda a los pasajeros de aviones.

3. Él examina a sus pacientes enfermos.

6. Él está a la cabeza de una compañía grande.

8. Él repara carros y máquinas.

II. Verbo + infinitivo

A. *Complete las oraciones de una manera original usando un infinitivo diferente para cada oración.*

Modelo: A las nueve comenzamos a estudiar historia.

1. Mis amigos(as) van a mi casa a _____.

2. Quiero aprender a _____.

3. Ayer mis hermanos salieron a _____.

4. La semana pasada dejé de _____.

5. Roberto siempre se olvida de _____.

6. Esta semana nuestra clase de español empieza a _____.

7. Mi familia y yo tratamos de _____.

8. Mi mejor amigo acaba de _____.

9. El viernes empezamos a _____.

10. Mañana voy a _____.

B. *Preguntas.*

1. ¿Qué deseas comer para la cena esta noche?

   _____

2. ¿Qué acaban de practicar Uds.?

   _____

3. ¿Necesitan volver a la clase mañana?

   _____

4. ¿A qué hora vas a comer el almuerzo?

   _____

5. No te vas a olvidar de sacar muchas fotos durante las vacaciones, ¿verdad?

   _____

C. *Escriba la preposición correcta* (a, de) *en el espacio si es necesaria.*

1. Antes de salir, traté _____ llamarte por teléfono.

2. No puedo jugar ahora porque acabo _____ llegar _____ casa y tengo hambre.

3. A menudo Felipe se olvida _____ hacer su tarea.

4. Los misioneros deben _____ llegar mañana.

5. Ellos siempre tratan _____ levantarse temprano.

6. Pienso _____ estudiar para el examen de mañana.

7. Mis amigos empezaron _____ estudiar ayer.

8. Rafael y Martín fueron _____ Santo Domingo _____ visitar la tumba de Cristóbal Cólon.

III. ¿Cuál, cuáles?

The interrogatives cuál *and* cuáles *usually preceed a form of the verb* ser *and ask for a choice between two or more items. In this exercise, write questions for the responses below using the correct form of the interrogatives* cuál *or* cuáles.

Modelo: Mis zapatos favoritos son los negros.
¿Cuáles son tus zapatos favoritos?

1. Mis deportes favoritos son el béisbol y el baloncesto. _____

_____

2. El Audi es mi carro favorito. _____

3. Mi número de teléfono es 528-7444. _____

_____

4. El carro de mi hermano es el convertible. _____

_____

5. Mis libros favoritos son *Anaconda* y *The Hobbit*. _____

_____

6. Mi postre favorito es el helado de chocolate. _____

_____

7. Las tiendas que me gustan más son *World Bazaar* y *T.J. Maxx*. _____

_____

IV. Pretéritos irregulares: *decir, traer*

A. *¿Puedes guardar un secreto? Estos jóvenes no pueden hacerlo. Relate cómo pasó el secreto de una persona a otra, usando la forma correcta del verbo* decir *en el pretérito.*

1. Nicolás le _____ el secreto de Miguel a su hermana.

2. Diana les _____ el secreto a Sara y Maritza.

3. Ellas nos _____ el secreto a nosotros.

4. Nosotros te _____ el secreto a ti.

5. Tú le _____ el secreto a Javier.

6. Yo le _____ el secreto a Miguel.

B. *El sábado pasado fue el cumpleaños del pastor de los jóvenes. Todos trajeron algún plato que prepararon. Llene el espacio con la forma correcta de* traer *en el pretérito.*

1. Rosa María _____ lasaña *(lasagna)*.

2. Rafael y Rogelio _____ pollo frito *(fried)*.

3. Yo _____ el bizcocho de cumpleaños.

4. Los hermanos de Rosa María _____ la Pepsi.

5. Marisa _____ una cacerola de arroz y habichuelas.

6. Tú _____ el pan y la ensalada.

V. Composición

¿Cuáles son tus planes para el futuro? Escribe un párrafo para describirlos.

_____

_____

_____

_____

_____

_____

_____

_____

_____

_____

_____

_____

_____

_____

Lección 30 ▲▲▲

I. La preposición *para*

A. *Los señores Alonzo acaban de volver de vacaciones. Tienen regalos para todos los miembros de la familia: un libro, una cámara, una pluma de plata, unas raquetas de tenis, una caja de chocolates y un disco compacto. ¿Quién va a recibir qué regalo?*

Modelo: A Roberto le gusta leer.
El libro es para él.

1. A Mariana le gusta escribir cartas. _____

2. A Tito y Toni les gusta jugar al tenis. _____

3. A Maritza le gusta sacar fotos. _____

4. A todos les gusta comer. _____

5. A la abuela le gusta la música de guitarra clásica. _____

_____

B. *Termine cada oración de una manera original. Es posible terminar las oraciones con un sustantivo, un pronombre o un infinitivo.*

1. Este verano durante las vacaciones salimos para (destination) _____.

2. El médico se prepara para (goal) _____.

3. Este regalo es para (person) _____.

4. Yo estudio para (goal) _____.

5. Queremos ir al restaurante italiano para (goal) _____.

6. Practicamos los coros para (a point in time) _____.

II. Otros verbos irregulares

A. *Escriba la forma correcta del pretérito de los verbos indicados.*

estar

1. ¿Dónde _____ tú anoche, Roberto?

2. Yo _____ con Rafael.

3. ¿_____ Uds. en la casa de Rafael toda la noche?

4. Sí, _____ allí con sus padres y sus hermanos.

hacer

5. ¿Qué _____ ustedes?

6. Nosotros no _____ nada. Bueno, yo no _____ nada. Rafael _____ su tarea; su mamá _____ una torta de chocolate y sus hermanos _____ planes para el fin de semana.

7. ¿Y tú no _____ nada, eh?

venir

8. ¿A qué hora _____ tú a casa?

9. Yo _____ a las once y media. Nicolás y Patricio _____ conmigo. Nosotros _____ para ver una película de *Sherlock Holmes* por televisión.

poder

10. ¿No _____ Uds. verla en casa de Rafael?

11. No, nosotros no _____ porque su televisor no funciona.

12. ¿_____ (tú) encontrar el canal correcto?

13. Sí, Nicolás lo _____ hacer sin problema.

saber

14. ¿_____ (tú) cuándo llegué a casa?

15. No, pero mamá lo _____. Mis amigos y yo no _____ nada porque nos dormimos antes de la medianoche.

B. *Cambie al pretérito los verbos* invitar *y* querer *en cada oración.*

Modelo: Le invitan a Ramón a jugar al tenis, pero él no quiere.
　　　　Le *invitaron* a Ramón a jugar al tenis, pero él no *quiso*.

1. Le invitan a Pablo a jugar al Monopolio, pero él no quiere.

　　_____

2. Nos invitan a comer pizza, pero no queremos.

　　_____

3. Me invitan a ir al centro, pero no quiero.

　　_____

4. Le invitan a Susana a cantar en el programa, pero no quiere.

　　_____

5. Te invito a estudiar conmigo, pero no quieres.

　　_____

6. Les invitan a mis padres a viajar a California, pero no quieren.

　　_____

7. A Ud. le invitan a tocar el piano, pero no quiere.

　　_____

C. *Preguntas personales*

1. ¿Cuándo supiste que el regalo de tu tía nunca llegó?

　　_____

2. ¿Qué tuvieron Uds. que estudiar para hoy?

　　_____

3. ¿Quién vino contigo a la escuela hoy?

　　_____

4. ¿Hiciste tú el desayuno esta mañana?

_____

5. ¿Dónde pusiste tus libros cuando llegaste a casa?

_____

6. ¿Quiénes estuvieron en la clase ayer? ¿todos?

_____

7. ¿Pudieron Uds. terminar su examen a tiempo?

_____

III. La preposición *por*

A. ***Ud. tiene 45 días para viajar por Sudamérica. ¿Por cuántos días va a viajar en cada país?***

Modelo: Colombia

Voy a viajar *por* Colombia *por* siete días.

1. Ecuador _____

2. el Perú _____

3. Bolivia _____

4. Chile _____

5. Argentina _____

6. Venezuela _____

B. ***Tú no tienes dinero, pero tienes algunas cosas que puedes usar para obtener las cosas que quieres. Sigue el modelo.*** *(Do this exercise orally with a friend and then write down your answers.)*

Yo tengo:

Tú tienes:

Modelo: **Tú:** Te cambio (*I will trade you*) mi cámara por tu radio.
   Tu amigo: No, pero te cambio mi pelota de fútbol por tu cámara.

1. _____

   _____

2. _____

   _____

3. _____

   _____

4. _____

   _____

5. _____

   _____

6. _____

   _____

C. ¿Por o para?

1. Te doy cinco dólares _____ tu libro de inglés.

2. _____ mañana voy a estar en Tegucigalpa.

3. El regalo es _____ mi abuelita.

4. Vamos a vivir en la ciudad de Managua _____ seis semanas.

5. Cristo murió en la cruz _____ nosotros _____ salvarnos de nuestros pecados.

6. *Tom Sawyer* fue escrito (*written*) _____ Mark Twain.

7. Salgo ahora _____ la biblioteca. Voy a estar allí _____ dos o tres horas.

8. No puedes entrar _____ la ventana. Tienes que entrar _____ la puerta.

IV. Composición: ¿Qué hiciste el verano pasado?

Using the vocabulary from the dialogue on pages 247-48 and from page 249 of your textbook, write a paragraph of at least 50 words about your last vacation. Tell where you went, who went with you, what you did, and what you thought of your trip.

Capítulo Doce

Lección 31 ▲▲

I. Vocabulario

Identifique las cosas en la mesa.

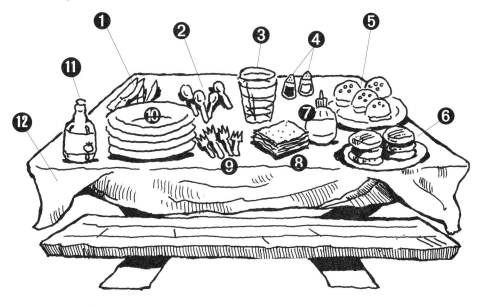

1. _____
2. _____
3. _____
4. _____
5. _____
6. _____

7. _____
8. _____
9. _____
10. _____
11. _____
12. _____

II. Repaso: pronombres de objetos directos e indirectos

A. *Responda usando el pronombre del objeto directo. Siga el modelo.*

Modelo: ¿Compraste los refrescos?
      Sí, *los* compré.

1. ¿Conoces al presidente de los Estados Unidos? _____

2. ¿Hiciste la tarea para hoy? _____

3. ¿Trajiste el carbón (*charcoal*) para las hamburguesas? _____

4. ¿Quién trajo los platos? ¿Carmen? _____

5. ¿Quién tiene las servilletas? ¿Tú? _____

B. *Responda usando el pronombre del objeto indirecto. Siga el modelo.*

Modelo: ¿Escribiste la carta al senador?
    Sí, le escribí la carta.

 1. ¿Pediste permiso a tus padres? _____

 2. ¿Escribieron las cartas a las chicas? _____

 3. ¿Dijo Ud. la información al director? _____

 4. ¿Vendieron Uds. la casa a los señores Ruiz? _____

 5. ¿Te presté el dinero que pediste? _____

III. La posición de dos complementos

A. *Escriba las oraciones combinando los dos pronombres del complemento.*

Modelo: Me dio el regalo con gran ceremonia.
    Me *lo* dio con gran ceremonia.

 1. Te vendo la bicicleta por veinticinco dólares. _____

  _____

 2. Me explicaron bien la situación. _____

 3. Ernesto no te dio el mensaje (*message*). _____

 4. Te compramos la casa en mayo. _____

 5. Me preparas las hamburguesas y los perros calientes. _____

 6. No te digo el secreto porque es personal. _____

  _____

B. *Conteste las preguntas usando dos pronombres del complemento.*

Modelo: ¿Quién te dio los vasos?
    Roberto *me los* dio.

 1. ¿Quién me prestó el mantel? _____

 2. ¿Quién te compró los platos? _____

 3. ¿Me trajiste las fotos? _____

 4. Profesora, ¿me da Ud. permiso para salir temprano? _____

 5. ¿Te di el dinero para el almuerzo? _____

C. *Conteste las preguntas usando el verbo y el infinitivo indicados. Conecte los dos pronombres del complemento al infinitivo.*

Modelo: Papá, ¿puedes prestarme el carro esta noche?
    No, no puedo prestártelo.

 1. ¿Quieres venderme tu estéreo? _____

 2. ¿Me puedes dar permiso para ir al partido de fútbol con Rafael? _____

  _____

 3. Susana, ¿me puedes prestar tu blusa blanca de manga larga? _____

  _____

 4. ¿Me puedes prestar tu suéter rojo? _____

5. ¿Me quieres vender esos discos compactos que me gustan? _____

_____

6. ¿Puedes decirme la fórmula? _____

D. *Escriba la forma* yo *del tiempo presente y después la forma* usted *del mandato.*

Modelo: comprar: compro   compre

1. hablar: _____ _____

2. comer: _____ _____

3. pedir: _____ _____

4. venir: _____ _____

5. traer: _____ _____

6. llegar: _____ _____

7. vender: _____ _____

8. buscar: _____ _____

9. salir: _____ _____

10. oír: _____ _____

E. *Responda a estas situaciones en la forma de mandatos. Use los verbos entre paréntesis.*

Modelo: El Sr. Ramos no quiere ir a la iglesia con su familia. (venir)
           Señor, venga Ud. a la iglesia, por favor.

1. Su familia le habla, pero el Sr. Ramos no escucha. (escuchar) _____

_____

2. El equipo de béisbol de la iglesia necesita otro hombre. Usted invita al pastor de

los jóvenes a jugar con ellos el sábado. (venir, jugar) _____

_____

3. El señor Rafael está tan ocupado estos días que no toma tiempo para leer su Biblia ni hablar con Dios en oración. (leer, orar) _____

_____

4. El pastor de los jóvenes va a ser pastor en otra iglesia en otra ciudad. Analisa

quiere tener en su cuaderno la nueva dirección del pastor de los jóvenes. (escribir)

_____

5. El Sr. Olmos no sabe qué traje comprar, el negro o el azul. (comprar) _____

_____

6. La Sra. de Molina quiere traer enchiladas a la fiesta y la Sra. de González piensa

que es una buena idea. (traer) _____

_____

7. La Srta. Arias no sabe si debe prestarle a Daniel su máquina de escribir, pero Daniel es una persona responsable. (prestar) _____

_____

8. La Sra. de Guzmán no puede decidir si debe hacer un pastel de manzana para sus amigos que vienen a cenar a su casa, pero Ud. sabe que a sus amigos les gustan mucho los pasteles de manzana. (hacer) _____

_____

9. El Sr. Nogales quiere quedarse otro día en la casa de sus amigos antes de volver a España, pero no quiere ser una molestia (*bother*). Ud. sabe que sus amigos lo quieren mucho y no lo consideran una molestia. (quedarse) _____

_____

10. El Dr. Suárez habla con su paciente que necesita descansar más. ¿Qué le dice? (descansar) _____

11. El Dr. Suárez habla con un paciente que trabaja todo el tiempo y que se acuesta tarde todas las noches. ¿Qué le dice? (dormir) _____

F. Escriba mandatos afirmativos usando la forma usted en su respuesta a cada pregunta. Incluya los pronombres directos e indirectos si es necesario.

Modelos: ¿Lo hago o no? Hágalo.
¿Te leo el cuento? Léamelo.

1. ¿Lo como? _____
2. ¿Te explico el problema? _____
3. ¿Las compro? _____
4. ¿Te digo la verdad? _____
5. ¿Les escribo a Uds. la carta? _____
6. ¿La pongo en la cocina? _____
7. ¿Lo vendo o no? _____
8. ¿La traigo o no? _____
9. ¿Me levanto temprano? _____
10. ¿Te cuento la historia? _____
11. ¿Me quedo o no? _____
12. ¿Lo repito? _____

IV. Irregular command forms

The **Ud.** *command forms of a few verbs cannot be formed by using the* **yo** *form of the present tense. These verbs are* **dar, estar, ir** *and* **ser.**

dar → dé	ir → vaya
estar → esté	ser → sea

Make affirmative commands as you answer the following questions. Include object pronouns when necessary.

Modelo: ¿Debo ir al campo con los jóvenes?
       Sí, vaya al campo con los jóvenes.

1. ¿Debo darle la bicicleta? _____

2. ¿Debo estar en la foto? _____

3. ¿Debo ir a la fiesta? _____

4. ¿Debo ser enfermera? _____

5. ¿Cuándo voy a la capital? ¿el lunes? _____

   _____

6. ¿Dónde voy a estar en el cuarteto? ¿entre César y Alejandro? _____

   _____

7. ¿A quién le doy el dinero? ¿al Sr. Espinosa? _____

   _____

8. ¿Debo ser piloto? _____

Lección 32 ▲▲▲

I. Vocabulario

Asociaciones. ¿Qué palabra del vocabulario se asocia con las descripciones o funciones siguientes?

1. el centro de policías: _____

2. un lugar para depositar dinero: _____

3. luz roja, amarilla y verde: _____

4. donde dos calles se juntan: _____

5. el equivalente a la luz roja : _____

6. un lugar para enviar cartas y paquetes: _____

7. una tienda pequeña: _____

8. allí esperas el autobús: _____

9. allí llevas tu carro cuando no funciona bien: _____

10. un lugar para cambiar dinero americano por dinero del país en que estás: _____

11. las divisiones básicas de una ciudad: _____

12. donde compras lo que tu carro necesita para andar: _____

II. Mandatos: forma *nosotros*

Three of the four verbs that have irregular forms in the **Ud.** *commands are also irregular in the affirmative* nosotros *commands:*

dar → demos   ser → seamos
estar → estemos

Ir(se) *uses the present tense form* vamos *or* vámonos *to form the affirmative command.*

A. Responda a las siguientes preguntas con mandatos de forma nosotros.

Modelo: ¿Vamos a comer hamburguesas?
         Sí, comamos hamburguesas.

1. ¿Vamos a hacer una fiesta? _____

2. ¿Vamos a estudiar juntos? _____

3. ¿Qué vamos a darle a Benito para su cumpleaños? ¿un reloj? _____

   _____

4. ¿Vamos a trabajar el sábado? _____

5. ¿Vamos a jugar un partido de fútbol? _____

6. ¿Vamos a traer pasteles a la clase? _____

7. ¿Qué vamos a ser en el programa de Navidad? ¿los pastores? _____

   _____

8. ¿Vamos a pedirle ayuda al policía? _____

9. ¿Vamos a servir tamales? _____

10. ¿Vamos a cantar himnos de alabanza? _____

11. ¿Vamos a leer el Salmo 91? _____

12. ¿Vamos a buscar el mapa? _____

13. ¿Vamos a encontrar un buen hotel? _____

14. ¿Vamos a salir temprano? _____

15. ¿Vamos a estar preparados para el examen? _____

_____

B. ***Lea Ud. las situaciones y termínelas con un mandato de forma* nosotros.
*Puede usar uno de los verbos siguientes.***

jugar	comer
irse	escribir
salir	

1. Son las tres y media. La clase de español terminó. Los estudiantes tienen que ir al gimnasio para practicar un programa especial que van a presentar a toda la escuela el próximo día. Miguel es el director. Él les dice:

_____

2. Los estudiantes de la clase del Sr. Ruiz y los de la clase del Sr. Pascual van a jugar en el torneo de voleibol. Los dos equipos están en la cancha *(court)*. El señor Ruiz les dice:

_____

3. Los señores Pérez y sus hijos están alrededor de la mesa. Después de orar, el señor Pérez les dice:

_____

4. Es la clase de español. La profesora acaba de dar las instrucciones a los estudiantes de cómo deben escribir una composición acerca de su familia. Les dice que tienen quince minutos para hacerla. Cuando termina su explicación la profesora dice:

_____

5. La sociedad de jóvenes decidió repartir tratados el sábado. Están en la iglesia y el director acaba de darles sus instrucciones. El director dice: Bueno, jóvenes,

_____

III. Mandatos negativos: forma *Ud.*

A. ***Finish each sentence by supplying the appropriate negative* Ud. *command using one of the following verbs. Use each verb only once.***

guardar	leer
ir	tomar
hacer	jugar
comer	caminar
correr	dormir

1. _____ a la tienda sin mí.

2. _____ cuando hace calor.

3. _____ su dinero debajo de la cama.

4. _____ sin suficiente iluminación.

5. _____ en el parque por la noche.

6. _____ el medicamento de otra persona.

7. _____ antes de jugar al fútbol.

8. _____ ejercicio en la cocina.

9. _____ al béisbol en la sala.

10. _____ durante el día.

B. *La Sra. Espina always tries to discourage la Sra. Rosales's ideas and plans. Play the role of la Sra. Espina and make the appropriate discouraging statements in the form of negative commands. Remember to include the appropriate object pronoun in each sentence.*

Modelo: **Sra. Rosales:** Voy a llamarle a Ud. el domingo a las seis de la mañana.
          Sra. Espina: No me llame.

1. Voy a traerle a Ud. mi libro favorito. _____

2. Quiero darle un acordeón en su cumpleaños. _____

3. Voy a llevar un pastel a la fiesta. _____

4. Pienso escribirle al presidente. _____

5. Voy a invitar a los Méndez al picnic. _____

6. Necesito abrir la ventana porque está lloviendo. _____

7. Voy a preguntarle al pastor cuántos años tiene. _____

8. Quiero leer el artículo acerca de los monstruos de Júpiter. _____

C. *Los amigos del Sr. Fuentes tienen opiniones contradictorias cuando él les pide consejos . El Sr. García siempre responde en afirmativo, pero el Sr. Blanco siempre responde en negativo. Exprese Ud. la opinión de los dos.*

Modelo: **Sr. Fuentes:** ¿Debo vender el carro?
          Sr. García: Sí, véndalo.
          Sr. Blanco: No, no lo venda .

1. **Sr. Fuentes:** ¿Debo estar presente para la reunión?

    Sr. García: _____

    Sr. Blanco: _____

2. **Sr. Fuentes:** ¿Compro esa casa?

    Sr. García: _____

    Sr. Blanco: _____

3. **Sr. Fuentes:** ¿Debo escribir un libro?

    Sr. García: _____

    Sr. Blanco: _____

4. **Sr. Fuentes:** ¿Debo ir al partido de béisbol?

    Sr. García: _____

    Sr. Blanco: _____

5. **Sr. Fuentes:** ¿Debo estudiar francés?

   Sr. García: _____

   Sr. Blanco: _____

6. **Sr. Fuentes:** ¿Debo enviar a mis hijos a España?

   Sr. García: _____

   Sr. Blanco: _____

7. **Sr. Fuentes:** ¿Debo llamar al Dr. Suárez?

   Sr. García: _____

   Sr. Blanco: _____

8. **Sr. Fuentes:** ¿Debo darles mi número de teléfono a mis clientes?

   Sr. García: _____

   Sr. Blanco: _____

IV. El pronombre *se*

A. *The pronoun* se *takes the place of* le *and* les *when followed by another object pronoun that begins with* l *(lo, la, los, las). Rewrite the following sentences using the indirect object pronoun* se *and the appropriate direct object pronoun.*

1. Le doy el regalo a Ernesto. _____

2. Les prestamos los libros a ellos. _____

3. Le venden la bicicleta a Sara. _____

4. Les compro las hamburguesas. _____

5. Voy a decirle la información. _____

6. Tengo que explicarles el problema. _____

7. Necesitamos enviarle las cartas. _____

8. Uds. deben comprarle el carro. _____

B. *Answer the questions. Remember to include both object pronouns in each answer.*

Modelo: ¿A quiénes les das los regalos?
         Se los doy a mis padres.

1. ¿Quién presta dinero a Uds. cuando lo necesitan?

   _____

2. ¿Cuándo van a dar sus notas finales a Uds. los maestros? (en mayo)

   _____

3. ¿Envías las notas a tu abuela? (envío)

   _____

4. ¿A quién pides información por teléfono? (a la operadora)

   _____

C. Haga Ud. el papel de la Sra. Ramos para expresar por qué no puede ayudar a sus amigos.

Modelo: Señora, ¿me presta su radio? (prestar / al Sr. Cáceres)
—Lo siento, pero no lo tengo. _____Se lo presté al Sr. Cáceres._____

1. Señora, ¿me presta su Biblia? (regalar / al Sr. Ruiz)

   —Lo siento, pero no la tengo. _____

2. Señora, ¿me presta su lámpara? (dar / a mi hija)

   —Lo siento, pero no la tengo. _____

3. Señora, ¿me presta sus revistas? (enviar / a los misioneros)

   —Lo siento, pero no las tengo. _____

4. Señora, ¿me presta su tractor? (prestar / a Juan y a su hijo)

   —Lo siento, pero no lo tengo. _____

5. Señora, ¿me presta sus discos de música clásica? (regalar / al pastor)

   —Lo siento, pero no los tengo. _____

D. Responda con un mandato afirmativo o negativo según las indicaciones. Incluya los pronombres del complemento.

Modelo: ¿Le presto el dinero a mi hermano?
        Sí, présteselo. / No, no se lo preste.

1. ¿Les envío los paquetes a los Domínguez?

   Sí, _____.

2. ¿Le presto mi carro a Rogelio?

   No, _____.

3. ¿Le doy la información al pastor?

   Sí, _____.

4. ¿Les doy el pastel a los señores Olmos?

   Sí, _____.

5. ¿Les pido una explicación a los chicos?

   Sí, _____.

6. ¿Le regalo los dulces a Silvia?

   No, _____.

7. ¿Les envío el dinero a los misioneros por correo?

   No, _____.

8. ¿Le doy la corbata a Nicolás ?

   No, _____.

Lección 33 ▲▲▲

I. Mandatos afirmativos: forma *tú*

A. *Complete las instrucciones de la Srta. Muñoz. Escriba mandatos afirmativos de la forma* tú *usando los verbos entre paréntesis.*

Modelo: Pedro, _____*cierra*_____ la puerta. (cerrar)

1. María, _____ la fecha en la pizarra. (escribir)

2. Susana, _____ las instrucciones. (leer)

3. Roberto, _____ el capítulo quince. (estudiar)

4. Paco, _____ la ventana. (abrir)

5. Carolina, _____ la pregunta. (contestar)

6. Felipe, _____ tu tarea a mi escritorio. (traer)

7. Samuel, _____ los libros en la biblioteca. (buscar)

8. Maritza, _____ las palabras en los cassettes. (practicar)

B. *Eres consejero en un campamento de verano. Tus camperos no quieren cooperar contigo. Tienes que decirles qué hacer.*

Modelo: Francisco no quiere levantarse.
Levántate, Francisco.

1. Manuel no quiere acostarse. _____

2. Juanito no quiere divertirse. _____

3. Carlitos no quiere lavarse la cara. _____

4. Pablo no quiere quedarse en la cama. _____

5. Paco no quiere comer el almuerzo. _____

II. Mandatos negativos: forma *tú*

Algunas personas van al extremo en sus acciones. Tú insistes en la moderación.

Modelo: Enrique come demasiado.
No comas tanto, Enrique.

1. César lee demasiado.

_____

2. Rosa María duerme demasiado.

_____

3. Jorge juega demasiado después de la escuela.

_____

4. Pepe trabaja demasiado.

_____

5. Luisa estudia demasiado.

_____

6. Felipe sale demasiado con su novia.

_____

7. Rodrigo trae demasiado a la escuela.

_____

8. Cintia practica demasiado la trompeta.

_____

9. Enriqueta hace demasiado para su novio.

_____

10. Mamá prepara demasiado para la cena.

_____

III. Mandatos irregulares

A. ¡Pobre de ti! Eres el más pequeño en tu familia. Hoy es día de mandatos porque toda tu familia está de mal humor, y tú estás en medio de todos los malhumorados. Forma mandatos afirmativos o negativos de la forma *tú* según la situación.

Modelo: Tu mamá te manda hacer la cama. *(mandar = to order)*
　　　　　Haz la cama.

1. Tu hermano te manda poner tu ropa en tu propia *(own)* cama. _____

_____

2. Tu mamá te manda no poner tu ropa en el piso. _____

_____

3. Tu papá te manda salir del garaje. _____

4. Tu hermana te manda no salir sin sacar la basura. _____

_____

5. Tu mamá te manda hacer tu tarea. _____

6. Tu abuelo te manda no hacer tanto ruido. _____

7. Tu papá te manda decir dónde pusiste su reloj. _____

8. Tu hermana mayor te manda no decir su secreto. _____

9. Tu abuela te manda ir a su casa ahora mismo. (Use *venir.*) _____

_____

10. Tu abuela te manda no ir con tu hermana. (Use *venir.*) _____

_____

11. ¡Tu mamá te manda ir a tu cuarto porque tú estás de mal humor! _____

_____

B. *Como Ud. sabe, no recibimos siempre lo que pedimos. Complete los diálogos según el modelo usando los verbos indicados y los pronombres del complemento correctos. Use su imaginación.*

Modelo: (vender)

José: ¿Me vendes tu bicicleta vieja?

Paco: No, no te la vendo.

José: ¿Por qué no puedes vendérmela?

Paco: Porque la vendí ayer.

1. (prestar)

María: ¿Me prestas tus revistas?

Marisol: No, _____ .

María: ¿Por qué no puedes _____ ?

Marisol: Porque _____ .

2. (comprar)

Fabio: Papá, ¿me compras un *Porsche*?

Papá: No, _____ .

Fabio: ¿Por qué _____ ?

Papá: Porque _____ .

3. (dar)

Felipe: ¿Me das tu foto?

Sara: No, _____ .

Felipe: ¿Por qué _____ ?

Sara: Porque _____ .

Rosa: ¿Me enseñas tu vestido nuevo?

Carmen: No, _____ .

Rosa: ¿Por qué _____ ?

Carmen: Porque _____ .